동심의 세계와 아동문학

근원적 심성의 아동문학적 접근

조 명 렬

집옥재

동심의 세계와 아동문학
근원적 심성의 아동문학적 접근

발행일 2011년 7월 30일
지은이 조 명 렬
펴낸이 김 미 영

펴낸곳 집옥재
등록번호 104-06-30074
100-846 서울특별시 중구 을지로 3가 320-12번지 신화빌딩 201호
전화 02-2279-3372, 팩스 02-2279-3340

값 15,000원
ISBN 978-89-964478-3-2

동심의 세계와 아동문학

근원적 심성의 아동문학적 접근

慈悲無窮 1989년 2월 22일 서옹스님 하서(일본 보현사에서)

趙明烈

略歷 및 研究業績

1946년 7월 11일 전북 정읍군 감곡면 계룡리 552에서 부친 조동윤과 모친 유판남의 4남 5녀 중 다섯 번째 딸로 태어났다.

■ 學歷

- 원광대학교 불교교육과 졸업(문학사)(1966. 3.~1970. 2.)
- 숙명여자대학교 국어국문학과 학사편입.(1970. 3.~1971. 2.)
- 이화여자대학교 대학원 국어국문학과 수료(문학석사)(1971. 3.~1973. 2.)
- 일본 경도 불교대학 대학원 박사과정 문학연구과 수료(1980. 4.~1983. 3.)
- 일본 문부성장학금 수령(1981. 4.~1983. 3.)
- 위 대학에서 문학박사학위 취득(1989. 2. 22.)

■ 經歷

- 원광대학교 국어국문과 조교 및 마한백제문화연구소 간사(1975~1979)
- 원광대학교 사범대학 국어교육학과 전임강사(1976~1979)
- 숙명여자대학교 아동복지학과 강사(1978. 9.~1979. 8.)
- 인천대학 강사(1984. 9.~1986. 8.)
- 동덕 여자대학 강사(1985. 9.~1988. 2.)
- 동국대학교 강사(1986. 3.~1996. 2.)
- 중앙승가대학 강사(1987. 9.~1990.)
- 중앙승가대학 전임강사(1990. 7. 10.~1992. 9. 30.)
- 중앙승가대학 조교수(1992. 10. 1.~1997. 9. 30.)
- 중앙승가대학교 부교수(1997. 10. 1.~2004. 6. 30.)

• 중앙승가대학교 교수(20004. 7. 1.~현재)

• 日本 岐阜聖德學園大學 객원교수(2005)로, 집중강의-강좌 명 : "異文化論Ⅱ"

■ 受賞

• 제5회 불교아동문학상(1987. 5.)

• 제2회 행원문화상(1993. 10.)

• 동화추천 『현대아동문학』(1978) - "꽃구름"

■ 著書 및 論文

저서 『불교동화의 세계』, 1984, 동국대 불전간행위원회.

공저 『아홉 선생의 이야기』, 동화집, 1978.

『한국 불교 문학사 입문』, 불교문학사 연구회, 1991.

『부처님 전생이야기』 1, 불교아동 문학회, 2009.

『부처님 전생이야기』 2, 불교아동 문학회, 2010.

역서 雲井照善 著, 『불교사상의 발자취』, 동국대 불전간행위원회, 1987.

논문
- 「한국아동문학의 특성」, 이화여자 대학교, 1973.
- 「한국아동문학」, 이대학보, 1974.
- 「동심문학시론」, 원대신문; 1978.
- 「익산지역의 백제설화」, 『마한백제문화』 3집, 원광대학교 마백연구소, 1979.
- 「불심의 표현과 동심문학」, 『한국불교』 5집, 동국대 불교문화연구원, 1980.
- 「韓國文學に 現れた佛教思想」, 『友の輪』, 일본 불교대학, 1982.
- 「불교설화연구Ⅰ」, 『불교설화연구』Ⅰ, 불교 아동문학회, 1984.

- 「불교설화연구Ⅱ」, 『불교설화연구』Ⅱ, 1985.
- 「불전의 문학적 특성」, 한국불교문화협회, 1986.
- 「高麗文學における 均如の位置考」, 『정토세계』, 불교대학동창회한국지부, 1986.
- 「佛陀における아동교육관 연구」, 987.
- 「한국 고시가의 불교 문학적 연구」, 일본경도불교대학 박사학위청구논문, 1989.
- 「동심의 추구 또는 귀향의식」, 불교문학사연구회, 동화출판공사, 1991,
- 「효행설화고」, 『중앙승가대논문』 1집, 1992.
- 「설화문학으로써의 자타카」, 『이지관스님논문집』 논문간행위원회, 1992.
- 「宮澤賢治의 동화고Ⅰ」, 『중앙승가대논문』 3집, 1994.
- 「백제무왕 서동설화의 신화적 성격」, 『마한백제문화와 미륵사상』, 마백연구소, 1994.
- 「宮澤賢治의 동화고Ⅱ」, 『중앙승가대논문』 4집, 1995.
- 「宮澤賢治의 동화에서 "꿈"의 설정고」, 『중앙승가대논문』 5집, 1996.
- 「朝鮮時代の佛教歌辭に現われた淨土信仰」, 『일본인도학불교학연구』 46권 2호, 1998.
- 「미륵사상과 원불교」, 『불교어문논집』 3집, 불교문학사연구회, 1998.
- 「영원한 동심의 추구」, 『중앙승가대논문』 7집, 1998.
- 「童子像으로 표현된 불교신앙」, 『중앙승가대논문』 8집, 1999.
- 「한국 불교설화에 나타난 동자상」, 『일본인도학불교학연구』 48권 2호, 일본 논설 자료 보존회 논문으로 수록됨(정리번호 ; c42-04071-21504-6-1179),

2000

- 「宮澤賢治작품에 나타난 유토피아에 대한 일고」,『중앙승가대논문』 9집, 2001.
- 「宮澤賢治の作品に現われた 法華思想」,『일본인도학불교학연구』 51권 2호, 2002.
- 「설화를 통해본 익산문화의 성격」,『益山의 先史와 고대문화』, 마백연구소, 2003.
- 「宮澤賢治의 동화사상」,『중앙승가대논문』 10집, 2002~2003.
- 「塵點劫의 교훈적 표현- 宮澤賢治의 동화-」,『일본학』 제24집, 2005.
- 「불교교의의 대중적 접근」,『중앙승가대논문』 12집, 2007.

책머리에

동심은 천진하다는 점에서 우리의 마음을 끌리게 한다. 본인이 일찍이 동화와 동시, 동요에 관심을 갖게 된 것도 그 때문이다. 이와 같은 동심은 결코 어린이들에게만 내재되어 있는 것은 아니다. 천진天眞에 대한 사전적 의미는 "자연 그대로", "조금도 꾸밈없음"이다. 그렇다고 한다면 동심이란 더욱 폭 넓게 모든 인간의 깊은 심성에 본성을 이루고 있는 것으로 인식되어 온다. 그것은 불교의 공空 사상의 경지에 있기도 하고 도가道家의 무위자연의 이치에서 접근되기도 한다.

본인은 일찍이 이 같은 동심의 경지를 불심佛心이라고 생각해 왔다. 동심은 곧 불심이란 것이다. 화엄경이나 법화경을 비롯한 많은 불교경전에는 많은 동자상을 등장시켜 동심이 불심임을 나타내려하고 있음에 오묘한 진리를 발견하게 되었기 때문이다.

그리하여 오랫동안 본인의 연구과제와 창의력의 문제는 불심에서 동심을 찾고 동심에서 불심을 찾는데 심혈을 기울여 왔다.

『불교 동화의 세계』를 출간한 것이나 동화 동시 동요를 창작할 때 나의 심성에는 언제나 이 같은 동심, 곧 불심이란 화두가 자리하고 있었다. 나아가 이렇게 동심의 세계를 추구해 오는 과정에서 어느덧 시간을 거슬러 "자타카"의 세계에 입문하게 되었다. 한역경전은 "본생경", "본생담"으로 전하는 자타카는 석가모니불의 전생담을 의미한다.

"자타카"는 단순한 전생이야기가 아닌 것임을 발견하고 한 때 그 세계에 심취한 적이 있었다. 학문적으로 선행된 연구서적도 많았고, 한편 "자타카"의 재창작에 헌신하는 연구자와 작가를 방문하기도 했다. 나의 관심을 북돋아준 분은 화강대학花岡大學 선생님이다. 그 분은 이미 재창작 불교 동화전집과 "자타카" 재 창작집, 불교 동화의 재창작에 선각자였다. 그 선생님의 인품과 동화의 세계가 동일선상의 존재로 다가왔다.

"자타카"의 재창작은 나의 관심사인 동심추구와도 관계가 될 수 있겠다는 신념이 생겼다.

영원한 동심은 모든 중생의 본성인 불심이라고 생각하고, 동심 즉 불심의 현상을 구축해 보려는 자세는 변함이 없다. 결코 쉬운 작업은 아니지만 원력성취를 위해 노력할 것이다.

부끄럽고 미흡하지만 그동안의 동화를 엮어서 한 권의 책으로 정리하고, 더욱 심화된 자세로 동심에서 불심을, 불심에서 동심을 추구하고 싶다.

이 책의 출간은 본인의지는 아니고 남편의 노고였다. 원고를 모아서 제자인 집옥재 김미영사장과 두 사람이 시작한 것이다. 뒤 늦게 동참하고 보니 만감이 조우한다.

항상 깊은 이해심으로 지켜주고, 바라보고 대화하는 남편 홍윤식님께 감사학고, 김미영사장에게도 고맙고 감사하다.

2011년 7월 30일

趙 明 烈

동심의 세계와 아동문학

근원적 심성의 아동문학적 접근

동심과 동화의 세계

문학으로서의 불전설화

학문과 수행이 영그는 곳

동화

낙서

童心

동심과 동화의 세계

童心

『童心文學』의 試論

童心문학

童話정신

現場 教育

자연의 조화

拓本의 원리

心田에 뿌리는 씨앗

어린이는 어린이답게

지극히 풍요롭고 윤택하고 싱그러운 세계, 제한制限된 시력 이상의 시력이 있는 세계, 번거로운 듯 하면서도 판단의 질서가 간추려질 수 있는 아름다운 세계가 바로 동심의 세계인 것이다.

童心

동심童心의 세계世界

최근 미국에서 발행되어 대중의 관심과 시선을 모으고 있는 『Childrens' Letters to God』이란 책이 수백만의 팬을 갖고 있고 우리나라에도 이미 소개되어 많은 독자를 갖고 있다.

'하나님께 보내는 아이들의 편지' 는 대체로 그들의 소망(Requests), 제의(offers), 비판(critics), 고백(confessions) 등의 내용으로 분류해서 엮어졌다.

직감적直感的이면서도 거리낌 없는 순진純眞들이 종알종알 거리는 우습고 귀여운 내용들을 통해서 일반화된 동심童心과 그들의 세계를 투명透明하게 바라볼 수 있는 것이다.

"저번에 눈이 너무 많이 와서 학교가 쉬었던 것을 기억하시죠? 또 그렇게 해 주시겠어요?"

"다음번 부활절에는 오리고기를 먹고 싶어요. 매일 같은 것만 먹으니 너무 지겨워요. 될까요?"

"토마스 에디슨이 전기를 만들었다고 책에서 읽었습니다. 나는 하나님 당신이 그 전기를 만들었다고 생각했죠."

모든 내용들이 거의 다 어린이의 세계에서만 볼 수 있는 특별한 소망所望이고 제의이며 그것은 그들 모두가 시급하고 절박하게 요구하는 공통된 문제였다고 생각된다. 천진난만하며 단순하기도 하고 때로는 경건하기도한 그들의 세계에서는 상상想像의 제한이나 현실성現實性 여부의 문제들이 거론의 대상이 될 수 없는 것이다. 다만 시時와 공空을 횡단하는 자유로운 의식意識의 활동이 그들을 이끌고 있다. 단순하기 때문에 쉽게 표현을 할 수가 있는 것이다. 그렇기에 그들의 세계에는 두려움이 존재 하지를 못한다. 대對 사물에 관해서 까지도 자기와 똑같은 의미를 부여해주고 그들과 더불어 의견을 나눌 수 있는 대화의 장이 한없이 펼쳐지고 있는 것이다. 이 상상의 세계, 대對 자연自然과 모든 사물로의 친화력이 매우 접근된 세계가 바로 동심童心의 세계인 것이다.

하늘에 무지개를 바라 볼 때 가슴이 뛰는 생의 경외를 지닌 동심을 어린이의 아버지라고 노래했던 워스워즈의 무지개는 바로 대자연에의 접근을 넘어선 동심세계의 표현이라 생각한다.

동심童心의 위상位相

지극히 풍요롭고 윤택하고 싱그러운 세계, 제한制限된 시력 이상의 시력이 있는 세계, 번거로운 듯 하면서도 판단의 질서가 간추려질 수 있는 아름다운 세계가 바로 동심의 세계인 것이다.

『Childrens' Letters to God』와 같은 동심의 세계에 쏟는 우리의 관심은 무엇을 이야기 해주는 것일까?

일반화된 동심은 대체로 인간의 성장발달成長發達 과정에 준準해서 분류되어지고 있다. 즉 아직도 성장과정에 있는 미완숙한 어린이들의 일반적인 마음을 말하고 있다. 그러나 인간심리에 관한 표현이 신체적

발달과정을 표준하여 의미 짓는 다는 것은 동심의 올바른 개념概念규정이나 그것이 차지하는 차원 설정의 재고를 지적하지 않을 수 없게 된다. 왜냐하면 동심이란 미성숙未成熟한 어린이의 마음이라 하기보다 지고지순至高至純한 인간의 원초적인 마음 그것을 동심의 차원으로 표현하는 것이 가장 적절한 개념풀이가 될 수 있다고 믿기 때문이다.

무식하고 가난한 사람과 만났을 때라도 그 마음의 맑은 순수성을 느끼게 되는 순간 의식이 정화淨化되고 경건해진다. 이는 어린이 마음의 재현再現이라기보다는 원초적인 인간성의 상봉에서 이루어지는 의식행위儀式行爲의 일단이고 그 원초적인 인간성이란 바로 동심 그것인 것이다.

깊고 넓고 높고 맑고 밝은 마음. 그것들은 동심의 내면성內面性이 되며 진실한 보살핌, 외면하지 않는 수용성, 정의 구현을 위해 표출되는 행위, 흐려지지 않는 식별력, 영원한 투시하는 초시력超視力들은 그의 외형적 표출外形的表出이라고 생각한다.

『Le petit prince』에서 "말이란 오해가 생기는 근원이 되므로 잘 보려면 마음으로 보아야하고 또 가장 중요한 것들은 눈으로 볼 수 없다"고 여우는 말한다. 0.5, 1.2, 2.0 등으로 판정받는 우리들 육신의 일부인 시력의 한계가 지극히 가시적可視的이라는 말은 기초생리를 통해서 이미 주지된 사실이지만, 마음으로 보아야 한다는 설명은 일상적日常的의 한계를 벗어난 차원의 얘기라고 생각한다. 영원을 투시해볼 수 있는 불가시不可視의 안력眼力이야말로 의식과 직감을 수반하는 동심의 눈으로라야 가능하다고 볼 수 있다. 동심을 이탈한 일반인들의 가시적인 숫자의 높음은 곳곳에서 시행착오 되어 일어나고 있고 그것만이 전부인양 계산

하려는 혈안을 볼 때 어린왕자의 얘기에 힘찬 박수를 보내지 않을 수 없다.

"만약 어른들에게 창틀에는 제라늄이 피어있고 지붕위에는 비둘기들이 놀고 있는 고운 벽돌집을 보았다고 말하면 그분들은 그 집의 모양을 생각해 내지를 못한다. 10만 원짜리 집을 보았다고 해야 한다. 그러면 그때야 '훌륭하구나.' 하고 부르짖는다. 그만큼 어린이들은 어른들에 대해서 너그러워야 한다."

흐려질 수 없는 동심의 식별력識別力은 가치기준이 실용성 내지는 현실성 있게 전도傳倒된 상황들을 용납하거나 묵인해 주지 못한다. 세상이 천만번 바뀌고 인정세태人情世態가 수없이 탈바꿈을 해도 동심의 근원만큼은 언제나 푸른하늘처럼 저렇게 싱그럽고 굳굳하게 상주하기 때문이라 믿는다. 그러기에 동심은 모든 인류의 마음의 고향으로 새겨두고 귀향을 소망하는 지도 모른다.

오늘날 우리들이 갖는 동심의 세계에 대한 관심은 바로 그것이 아닐는지…

"어른들은 숫자를 좋아한다. 새로 사귄 친구의 이야기를 하면 그분들은 제일 중요한 것은 묻지 않는다. 즉 친구 음성이 어떠냐, 무슨 장난을 좋아 하느냐, 나비를 수집하느냐를 묻는 일은 절대로 없다. 나이가 몇이냐, 형제가 몇이냐, 그 애 아버지가 얼마나 버느냐는 것이 묻는 말의 전부다"

그것은 마치 꽃향기도 맡아 본 일도 없고, 사랑해 본일 도 없고, 더하기 밖에는 한 일이 없으면서도 온 종일 나는 착한 사람이다고 뇌이면서 오로지 권위의식과 교만의 울안에 갇혀 살고 있는 버섯같은 현대인의 일그러진 생활단면生活斷面을 지적한 동심의 일동찰성一洞察性인 것이다.

구원久遠의 마음

현대사회는 동심의 세계를 잃은 지 오래 되었다. 기계문명의 발달이 최고의 경지를 이룩하였으나 그의 혜택은 오히려 불안이라는 위기의식을 안겨주고 있음에도 산업물자産業物資에서부터 주방의 식품들까지 인스턴트화 되어가고 있는 현실의 장은 인간의 제반의식을 매몰시켜 현대인들은 정신의 활동이라는 것에 관심을 갖는 것 보다는 현실성 있는 생활을 모색하기에 여념이 없게 되고 말았다.

저 멀리 푸른 해원을 향하고 동경과 소망을 위해 기도祈禱하는 멋을 잊어버렸고, 두견새 우는 밤이면 뜨락에 내려가 푸른 별을 헤이는 청순한 모습은 속이 대통처럼 빈 사람의 것이 되어 버렸다.

현실성이 결여된 철학이나 사상이란 이미 퇴색하여 두둑한 먼지 속에 묻혀 가고, 더욱 종교宗敎의 본질本質이나 기능이 이대로 매몰되어져도 바람직한 것인지를 생각해 보기 전에 스스로를 반조返照 해 보는 일이 선행되어야 할 것 같다. 요람에서 무덤까지의 짧은 과정을 일생이라고들 말한다. 물론 동심의 원의源意에서는 이탈된 표현이지만, 60~70년 동안의 가치 있는 삶의 의미부여는 동심을 지닐 수 있는 일밖에 없다고 생각한다. 왜냐하면 동심의 구경究竟의 장場은 평범한 인간생활의 장을 넘어서고 있기 때문이다.

따라서 동심절정의 모습은 범인에게서 쉽게 발견되어질 수 없다고 생각한다. 모든 인간세계의 일상적이고 평범한 현실성들을 편안하게 수용할 수 있는 초월超越하는 마음이고, 나아가서는 미美, 추醜, 청淸, 탁濁, 애愛, 증憎 등의 희비고락까지도 총섭할 수 있는 마음이 바로 동심이라고 생각한다. 어떻게 생각하면 현세를 초월한 즉 현실이전의 세상까지를 헤아리는 느낌도 없지 않으나 동심의 수용受容은 지금 이 자리에서도 가능한 것이라고 생각된다.

석존탄생 후 칠보七步를 걷고서 '천상천하유아독존天上天下唯我獨尊'을 설했다함은 잘 알려진 일이다.

우리는 여기서 탄생불誕生佛의 설화가 남겨주고 있는 칠보의 의미를 재음미해 볼 필요성을 느끼게 될 것이다.

만물은 육도六途라는 세계에서 윤회輪廻를 하고 그 윤회를 벗어나면 해탈을 얻고 그것을 증득하려면 상구보리上求菩提 하화중생下化衆生의 서원誓願을 세우고 정진을 해야한다는 가르침이 석존의 교설인 것이다.

그런데 여기 중요한 것은 탄생불의 첫걸음인 칠보의 상징에 대한 것이다. 첫 번째 걸음에서 여섯번째 내딛는 육보六步는 육도六途를 의미하고 마지막 제7보는 바로 육도윤회六途輪廻의 초월을 상징한 것이라고 믿으며 제7보를 내린 그 땅은 모든 속박과 구속으로부터 벗어난 자유를 상징하는 것이라 생각한다. 이는 동심을 곧 불심佛心으로 표현한 것이라 할 것이다. 즉 모든 속박이나 구속 이전의 마음을 동심이라고 표현할 때 동심은 곧 불심이며 천심이며 순진무구한 어린이의 마음인 것이다. 그런 의미에서 어린이는 하늘사람으로 상징지어지고 있다.

동심은 모든 고락苦樂을 초월超越하고 총섭한 이상향理想鄕이고 구원

久遠의 마음이며 모든 사람들의 원초적原初的인 심전心田인 것이다.

『독서신문』 한국 至性의 座標 「나의 中心槪念」, 1978. 7. 16.

『童心文學』試論

"童心은 어린이의 마음일 뿐 아니라 至高至純한 原初心이며 完全한 人間性이기 때문에 어른들의 마음의 고향이기도 하다. 마음의 고향으로의 歸鄕을 所望하는 것은 現實을 넘어선 理想世界로 향한 모든 人類의 갈망이 아닐 수 없다. 日常的인 생활의 범주를 극복해서 올바른 價値를 찾고 참된 精神性을 수용하려는 노력은 童心의 회복에서 이루어진다. 眞實을 추구해가는 創作文學의 藝術性의 具現이 바로 童心추구라고 추리해볼 때 童心文學이라는 意味규명은 重大한 일이라 생각된다."

一.

藝術은 미를 추구하는 것이다. 藝術로써의 文學을 논할 땐 創作文學

이 그 對像이 되어왔으며 創作文學의 Genre는 영국의 評論家였던 Richard Green Molton(1849～1924)이 分類했던 三形態를 母體로하여 詩, 小說, 戲曲으로 各各 그 領域을 지녀왔음은 이미 周知된 事實이다.

그러나 文化와 藝術의 패턴을 分類하는 기본단위처럼 使用해온 양식(Style)이나 또는 Genre라는 용어의 使用은 文學 측에서도 많은 모순과 애매함이 있음을 지적하지 않을 수 없는 것이다.

Genre는 원래 라틴어 제누스(Genus)에서 由來했으며 그것은 種族(race), 種類(kind), 部門(Class), 血統(lineage) 等을 의미한다. 즉 공통된 특징을 가지는 存在나 또는 對像의 무리를 지칭할 때 使用하는 것이다.

지금까지 創作文學에서 使用해온 Genre分類도 역시 객관적인 조건에 의해서 類型的 統一을 形成하는 作品을 나누는 기본단위로 使用은 해 왔으나 그 分類方法이 多樣性을 잃은 單一한 단계를 넘어서지 못하고 있다. 즉 作品의 Genre는 外的인 형식에 의해서 또는 素材에 따라서, 내지는 作品의 內容, 그것이 지닌 美的性格에 따라서 多樣하게 分類되고 研究되었어야 하는데 Molton의 方法 以上의 發展을 탈피치 못하고 있는 것이다.

Genre는 Style과는 다른 次元에서 考究되어져야 하는 것이기 때문이다.

Genre는 일정時代 作家 등의 可視的인 식별을 넘어선 存在의 유형으로 생각해야 하는 것이기 때문이다. 그러므로 Genre라는 것 특히 創作文學에서 論議되는 그것만큼 고정된 것이 될 수 없는 것이다.

무한히 생성발전하고 분화되고 교체되는 상황을 초월한 객관적인 것으로써 Genre를 概念화해야 된다고 생각한다.

다시 말하면 외적인 形式에 의한 分類에 비중을 많이 두는 것 보다는 作品이 지닌 文學性, 精神性 내지는 美的인 性格에 의한 유별에 배려를 해야 하는 것이다.

二. 文學의 精神性

文學이란 人間 동물의 모방이며 內面의 세계 즉 人間心理에 대한 表現인 것이다. 그렇기에 그것은 바로 人間의 兩面性의 表出인 것이고 그 兩面性은 因果的인 관계로써 나타내지는 것이다. 內面의 의식은 行動性으로 表出되어지기 때문에 그것은 因果的인 관계의 表出로 볼 수 있고 그러한 관계는 어떤 作品에서든지 떠날 수 없는 것이다.

그러기에 創作文學에서 作家들은 作中人物의 行動묘사에 많은 관심을 두고, 作品의 性格을 行動묘사에 두지만 실제로는 심리추구에 더 많은 노력을 하게 된다.

그만큼 文學자체가 결과적으로 思想은 아니지만 思想으로 具體化 내지는 具象化되어지고 直觀으로 認識할 수 있는 表現으로서 체험할 수 있기 때문에 중요한 것이다.

文學이란 人間을 깊이 꿰뚫어본 것(Imaginative insight)이며 Imaginative insight란 바로 直感的인 것의 表現으로 그것이 文學의 생명이며 存在의 최대 價値다.

人生을 깊이 꿰뚫어 볼 때 驚異心을 얻게 되고 그 순간 直感되어지는 느낌은 청신해지지 않을 수 없는 것이다. 경이심이 느껴지고 청신해질 때 美의 추구는 그 절정을 이루게 된다.

이와 같은 측면에서 創作文學의 意味와 價値를 부여한다면 作品이 지닌 精神性 즉 思想의 形象化는 높게 평가되어져야하고 그것에 依해서 文學의 Genre를 구분하는 것이 보다 意義있는 일이 아닐까 생각한다.

여기서 언급한 精神性이란 일차적으로 人生의 內面을 깊이 통찰할 수 있는 투시능력을 지적할 수 있고 2次的으로는 原初的인 生命의 存在를 인식할 수 있는 인식능력을 말하는 것이다. 原初的인 生命의 存在 그것을 童心이라 命名하고 童心을 認識해가는 과정으로서의 文學을 童心文學이라 定義해 보았다.

그렇게 되어져야 兒童文學이란 특수조건을 수반하고 있는 특수형태의 文學이 올바른 위치로 자리 잡히게 되고 文學一般에 격조 높은 意味가 부여되어지고 위대한 精神性의 具體化, 形象化의 문제가 文學인의 관심을 모으게 될 것이다.

三. 兒童文學의 性格

童心을 人間의 原初的인 마음의 表現이라고 定義 해볼 때 兒童文學의 槪念具現에 새로운 理論이 定立되어져야 한다고 생각된다. 왜냐하면 지금까지 通念化된 兒童文學일반의 定義가 바로 兒童文學이란 어린이 즉 身體的으로 또는 精神的으로 未成熟한 그들에게 단계적인 成長發達에 도움을 주는 것이라는 지극히 객관적인 理念이 지배해 왔었

<제296號> 서기1978年8月21日 月曜日 「(1964년5월25일 제3종우편물인가)」 圓光大學新聞

「童心文學」試論

趙 明 烈(師大專講·國文學)

<筆者>

二, 文學의 精神性

三, 兒童文學의 性格

童話는 넓은 精神世

童話作家는 未來豫

다. 그러다가 最近에 이르러서야 兒童文學에 깊은 관심을 지닌 少數의 사람들이 올바른 次元에서 그 定義를 표방하게 되었던바 이것이 바로 兒童文學이 지닌 特殊性的인 機能과 目的을 提示한 것이라 생각한다.

그들은 兒童文學을 定義하여 作家가 兒童이나 童心의 故鄕으로 돌아가고 싶어 하는 어른에게(成人) 읽힐 것을 目的으로 창작한 것이라 말했다.

결국 그것은 兒童文學이 가지는 두 가지의 기능과 目的을 지닌 특수성을 의미하는 것이다. 특수성이란 먼저 단계적으로 성장과정에 있는 어린이의 성장을 돕는 目的이며 두 번째는 童心의 고향으로 歸鄕을 소망하는 어른들의 念願과 所望의 場에로의 인도를 위한 特殊性을 말하는데 그것은 文學의 극히 日常的인 次元을 초월했음을 엿볼 수 있는 것이다. 童心으로의 回歸의 所望이나 收容에의 念願 그것 자체가 바로 평범한 日常的인 心理나 意識構造의 表現이 아니라 어떤 精神性의 탈바꿈의 表出이라 볼 때 童心에 근원한 文學을 단순히 未成熟한 어린이를 위한 文學이라 일축해버릴 간단한 문제가 아니기 때문이다.

童心에 바탕하고 그의 저변에 뿌리를 내릴 수 있는 文學의 패턴이 대단히 중요하고 또 나아가서는 童心文學의 具現이 절박하고 절실히 요청되고 있다고 생각한다.

兒童과 童心에의 歸鄕을 念願하는 成人, 그 두 사이가 지닌 差異와 同質性은 어떤 것일까 하고 고찰해 볼 때 差異란 우선 身體的인 成長과 未成長을 거론할 수 있지만 同質性에서는 오히려 많은 好感과 매력을 안겨다 준다. 그러한 思考의 귀결은 결국 『童心』이란 것의 추구도 귀착이 되지 않을 수 없으며 따라서 童心의 槪念이 곧 兒童文學의 열쇠를 가지고 있는 核心임을 알 수 있다. 그리고 그러한 次元에서 兒童文學을 고찰해 갈 때 길고 높은 硏究의 태도가 要請되고 있음을 發見하지 않을 수 없다.

童心은 순수한 마음, 價値판단의 식별력이 흐려지지 않는 마음, 때 묻지 않는 마음, 相對心이 없는 마음, 거울처럼 맑은 마음, 순진무구한 마음 등등으로 意味지어 表現할 때 그것이 지닌 높고 빛나는 價値와 의미는 충만해 있는 것이다.

백철교수는 文學의 기능을 첫째 가르쳐 주는 것, 둘째는 즐겁게 해 주는 것이라 지적한 바 있다. 兒童文學의 기능은 그 두 가지 기능의 범주 외에도 몇 가지의 特質을 지니고 있는데 그런 점이 바로 一般文學과 다른 점이며 兒童文學이 가지는 外面的인 特質이 되어 왔고 그러한 특질이 兒童文學을 現在의 兒童文學으로 存在하게 한 弱點이었으며 또한 長點이 되었었다.

그것은 다름 아닌 外形的인 조건만을 들추어서 兒童文學의 價値나 評價를 내리려했던 思考들이 兒童文學의 次元을 낮추어 놓게 되었고 반대로 이러한 特殊條件들을 더욱 특징지어 思考를 하면 곧 격조 높은 次元으로 끌어올릴 수 있었다는 것을 언급하고 싶은 것이다.

兒童文學은 대체로 藝術性과 敎育性 내지는 興味性을 들어서 特質的인 구비조건으로 論議되어왔다. 때로는 藝術性이라는 조건보다는 敎育性과 興味性을 더욱 중요시해왔었으며 오히려 本質처럼 理解되어져 왔다. 그러한 理解관념은 지극히 단순한 思考에서 이루어질 수밖에는 없었다고 생각한다. 단순한 사고라는 것은 兒童에 대한 內面性의 考察보다는 外形的인 것 즉 身體的인 成長爲主의 관심 때문인 것이다.

그러나 兒童文學에서 重要視하는 敎育性과 興味性이란 특수조건은 文學의 기본조건인 藝術性에 충분히 內包되어 있음을 지적하면서 덧붙여 童心文學으로써 實証해 볼 수 있다.

文學의 表現에 있어 藝術性이란 체험과 경험의 世界를 表現했을 때 讀者들이 감동하게 되는 人間作用이라고 「톨스토이」는 지적했다. 즉 藝術的인 認識이 위와 같은 人間作用에서 성립되고 있는데 人間작용이란 사람은 意識的으로 무엇인가를 他人에게 보이고 싶은 욕망이 있다. 그래서 자신이 경험했거나 감동했던 마음을 傳하게 되고 傳達받는 사람들은 그에 따라서 또 느끼게 되는데 그러한 感情, 感動 내지는 체험을 주고받을 때 文學的인 表現으로써 構成하고 表現되어지게 되는 바 그러한 文學的인 表現을 藝術性이라 한다.

作品에서 至高한 藝術性이 表出되었을 때 그 藝術性을 통해서 教育的인 機能도 發見하거나 체험할 수 있고 興味性도 나온다고 생각할 수 있다. 즉 藝術性의 意味具現은 作品을 읽음으로써 느껴지고, 얻어지는 眞實性이라 表現해 볼 때 眞實性 그 안에는 教育性과 興味性의 내포를 볼 수 있다. 즉 文學에서의 藝術性은 어떤 의미에서는 眞實性이라고 규명할 수도 있고 眞實이라는 心理상태는 무단한 人間作用들 가운데서도 소중한 값을 모으고 있으며 또한 그것은 모든 人間들의 所望의 次元이다.

여기서 眞實性이란 童心의 一內面性으로 상징되어지는 것이다. 文學에 있어서의 藝術性의 志向은 藝術性의 추구이다.

그리고 그 藝術性은 人間의 教育性과 興味性까지를 포함한 것이며 그러한 藝術性은 결국 眞實性의 추구이며 眞實性은 童心의 一內面性인 것이라 볼 때 創作文學에서 童心이 가지는 영역이 대단히 중요한 것이라 믿어진다.

우리는 여기서 藝術性의 추구라는 創作文學의 패턴이 결국 童心具現을 위한 人間作用들이 構造化되어 文學的으로 表現되어지고 있다는 것을 볼 수 있다. 그래서 文學은 일면 童心具現을 위한 방법으로 체계화되어져야 하겠고 그러한 文學을 단순히 兒童文學이라 일축해버리는 것보다는 心象의 一再現인 童心을 具現해가는 文學을 童心文學이라 表現하고, 그러한 童心에의 回復 내지는 환원을 爲한 人間作用이 童心文學의 藝術性이라 할 때 지금까지 칭해 내려온 兒童文學은 넓고 깊은 범주를 지니게 될 것이다. 事實 韓國의 경우는 現在 兒童文學에 종사하고 있는 兒童文學家들은 뭔가 왜곡된 理解를 청산하지 못하고 있는 것을 고려하지 않을 수는 없다. 그러나 또 한편 우리의 경우 兒童文學의 胎動時부터 많은 문제를 안고 있었다. 이러한 상황은 비단 兒童文學界만이 겪는 것은 아니고 新文化라는 새 물결의 격동과 격정 그리고 식민지 정치의 産物인 갈등과 그것들의 그림자는 순수문학의 태동은 물론 歷史, 文化, 政治 등 모든 분야에 밝은 빛을 주지못했었다. 韓國兒童文學의 發芽와 胎動도 역시 예외일 수는 없었다. 現存하는 兒童文學의 母體가 兒童文學이라기보다는 오히려 兒童文化運動 내지는 少年文化運動의 일환으로 나타난 六堂의 『少年』誌에 그 根源을 두고 있음에서도 그런 점을 발견할 수 있다. 方定煥의 『어린이』誌에 이르러서야 비로소 兒童文學의 뚜렷한 전개라고 인증하고 있다.

近代史에 있어서 韓國的인 상황이 文學을 순수문학적으로 계승·발전시킬 수 없었던 제한된 상황과 여건이 기본 문제가 되었음은 이미 周知된 事實이다.

그래서 兒童文學運動의 前哨처럼 보였던 兒童文化運動의 창시자들이 대부분 民族運動家 내지는 思想家였고 그들이 제창하는 理念은 民族의 自由獨立을 근간으로 한 사상이 대부분이었다. 자연히 民族의 장래를 걱정하게 되었고 따라서 민족의 내일을 이끌어갈 少年이나 어린이에 對한 관심이 굳혀지게 되었다. 그래서 『少年』誌의 구호는 '우리 大韓으로 하여금 少年의 나라로 하라 그리하려면 能히 이 책임을 담당하도록 그를 敎導하여라' 하였는데 그것만으로도 時代가 요구했던 兒童文化運動의 方向을 짐작할 수 있다.

상당한 민족적 책임감으로 兒童의 선도와 교도의 目的을 중요시하면서부터 兒童에 대한 관심과 文學의 發芽가 韓國的인 상황 하에 뿌리를 내리게 되었으며 本格的인 兒童文學 雜誌는 1923년 方定煥에 의해 발간된 『어린이』였다. 童謠, 童詩 등의 分明한 Genre가 설정되었고 특히 童謠가 두르러졌었지만 거의 모두가 식민지 시대의 슬픔과 애상이 노래의 저변에 흐르고 있다.

文學이 人生의 表現이며 또 時代의 反映이기 때문에 時代的인 특성이나 상황을 주고 있음은 피할 수 없겠지만 그러한 歷史的인 여건 하에서 태동하고 成長해온 韓國의 近代文學思想에 근본적인 문제가 存在하고 있었음을 확신한다. 즉 그의 발아가 순수한 文學으로서의 태동이 되어 지지 못한 채 빛을 보았고 그러한 상태에서 成長하여 現代까지 계승되어왔던 것이다. 어쩌면 조연현씨의 說대로 韓國近代史를 特殊性으로 인정하고 그 특수성이 歷史的 背景이며 同時에 現實的 條件으로 인증한다면 亦是 新文學이 歷史的 特殊性과의 밀접한 관계로 表現된 것들을 韓國新文學의 특수성으로 평가할 수 있는 지도 모른다.

그러나 文學의 본령을 감안할 때는 상당한 差異 또한 없을 수 없기에 언급해 본다.

어째든 文學의 본령을 추구하면서 時代的인 반영이 투시되어 질 때 創作文學의 價値를 인정 할 수 있다고 생각한다. 그 본령이란 간단히 말해서 지금까지 서술해 온 童心의 환원하는 것으로 人間의 原初的인 生命의 바탕을 Imaginative insight해서 直感的인 것으로 表現되어져야 하는 것이다.

人生의 깊이를 꿰뚫어 보는 순간 直感되어지는 것은 童心을 收容할 수 있는 것이다. 收容의 상태가 이루어질 때 人間은 가장 진실해 질 수 있는 創作藝術의 극치와 상봉하는 것이다. 진실을 수용하는 그 순간은 누구든지 감동되어질 수 있고 그것은 바로 高次的인 敎育이 이루어진 상태로도 볼 수 있다.

日常化된 兒童文學의 Genre는 童謠 · 童詩 · 童話 · 童戱 · 少年小說 등 細分化되어 있다. 그러한 Genre 中 童心文學으로의 참다운 價値는 童話에서 찾을 수 있다고 생각된다.

童話의 形式은 散文으로 된 表現樣式이지만 童話 그것이 가지는 內容의 特殊性이라 할까, 아니면 童話精神이 小說과는 다른 次元에서 存在하고 있기 때문이다.

四. 童話의 文學적 위치

童話는 元來 두 가지 意味로 表現되어 왔는데 傳來童話와 創作童話를 의미한다. 傳來童話는 옛이야기, 民譚, 우화, 傳說 중에서 原始的인 形態를 詩 정신에 입각하여 改作 내지는 再說한 것을 의미하며 Märchen이나 Fairytales이 이에 속한다.

創作童話는 文字 그대로 讀者들 위하여 창작한 作品을 뜻한다.

이렇게 童話의 특징은 위에서 언급한 바와 같이 詩精神에 입각해서 人間보편의 眞實을 象徵的으로 表現하려는데 그의 특징이었다. 그렇기 때문에 童話는 獨立된 特有한 문학형식이 存在하는 것이다.

독일 낭만파 시인 Novalis(1772～1801)는 모든 童話的인 것

(Märchenhaft)은 詩的인 것이어야 한다고 갈파하여 童話精神의 次元을 創作文學의 정수라 할 수 있는 詩精神과 共存케 해 주었다.

創作以前의 童話類였던 옛이야기類를 通해서도 童話精神性은 쉽게 발견할 수 있다.

傳來童話는 19C 초 독일의 Grimm형제가 수집한 Kinder and Hausmarchen(어린이와 가정의 童話)으로부터 정리되어졌고 19C 중엽쯤 童話의 아버지라 불리는 Andersen에 의해서 本格的인 文學童話가 藝術적인 의도하에 創作되었으며, 韓國의 경우 1913년 六堂 主宰의 잡지 『아이들보이』에 六堂의 作品 『남잡이와 저잡이』, 『센동이 검둥이』가 童話라는 이름으로 發表되었다.

원래 Marchen이란 작은 이야기란 뜻으로 自然과 事物의 의인화를 內包하고 있지만 영어의 Fairy tales에서 Fairy는 妖精을 意味하는데 그것은 보통 巨人, 仙女 또는 神 등으로 表現되어진다.

神, 仙女, 妖精은 日常的인 現實世界에서 對應할 수 없는 存在들이다. 그러한 存在들은 구름이나 動物들과 이야기하고 나아가서는 現實以前을 얘기하기도 한다.

Faity는 라틴어 Fatum(運動)에서 파생한 불어의 Fees(妖精), Feerie의 借用이다. 이렇게 童話를 그 語源上에서 추구해본다면 요정들의 세계, 現實을 주도하고 지배할 수 있는 運命의 女神이 存在하는 世界, 그 안에서 人間의 日常生活을 cntroll하는 神秘力이 잠재한 세계가 實話의 世界라 추리할 수 있다.

그만큼 童話는 단순한 日常的인 이야기의 나열이 아니고 成長과정에 있는 어린이를 위한 것만은 더욱 아닌 높고 넓은 精神을 所有하고 있다. 그렇기 때문에 어떤 의미에서는 童話作家는 未來에 대한 예언자이어야 한다고 말한다.

그러므로 L. H. Smith는 童話에서 Fantasy를 詩에서와 同一하게 使用할 수 있다고 하여 Novalis의 說들 뒷받침해주고 있다.

이러한 童話精神의 특수함은 小波의 童話理論에서도 중요하게 갈파한 점을 찾아 볼 수 있다. 1923년 『開闢』 誌에 수록한 評論 「새로 개척되는 童話에 관하여」에서 그는 다음과 같이 피력하고 있다.

"童話는 永遠한 兒童性을 잃지 아니한 人類中의 一人인 藝術家가 다시 아동의 마음에 돌아와 어느 感激 혹은 現實의 生活을 反省하는데서 생기는 어느 느낌을 讀者에게 호소하는 것이며 그 感激 그 反省은 世上 모든 사람의 感激과 反省이 아니면 아니 될 것이다. 아니 그 作品에 의하여 누구나 감격의 세례를 받지 아니하면 아니 될 것이요, 또는 그 作品에 의하여 누구나 다 자기 각자의 생활을 반성하지 않으면 안 될 것이다."

그는 또한, "人生은 30이 되든 80이 되든 어린이날의 樂園을 잊지 못하고 그리워 할 것이다. 그리워하는 마음은 더럽히지 아니한 순결과 無限한 自由의 世上을 憧憬하는 마음이다. 現實의 反省과 理想의 向上도 이 마음에서 나오고 젊은 벗, 장래 미래의 人生에 대한 사랑과 希望도 이 마음에서 나올 것이다. 아아 兒童藝術! 모든 큰 이들도 이에 接하기를 누가 싫어할 者이뇨."

여기서 소파는 童話의 定義, 機能 또는 그 藝術性의 價値를 분명하게 갈파하고 찬양하고 있다. 그는 童話精神을 '永遠한 兒童性'이라 定義하고 童話文學의 不變的인 眞實을 천명하고 있다. 또한 藝術이 人生

의 세련된 再現이라면, 童話는 훌륭하고 완전한 藝術이라 定義하였는데 그것은 童話를 완전한 藝術的 本質위에서 파악하고 있는 것임을 알 수 있다. 따라서 童話創作의 意義에 對해서 "大人이 小兒에게 주기 위해 童話를 쓰는 게 아니라 人類가 가지고 있는 永遠한 兒童性을 위해 童話를 쓴다"고 그의 童話論은 완전한 藝術의 경지에서 永遠한 兒童性의 지향을 위해 童話文學의 방법론이 정립되었다.

小波의 兒童理論은 많은 共感과 공명을 주고 있다. 童話에 대한 定義와 童話文學의 次元설정 내지는 永遠한 兒童性이라 表現한 童話의 精神世界와 感激과 反省을 通한 永遠한 兒童性의 지속이 모든 人類에게 있어야 된다는 것이 그의 理論이었고 따라서 兒童文學의 不變性을 지적한 점 모두가 지극히 타당한 內容이었다. 다만 여기서 拳論하고 싶은 것은 兒童의 精神을 童心이라는 表現을 하고 싶은 것이다. 왜냐면 童心=永遠한 兒童性일 수 있겠지만 兒童性이란 表現이 어린이와 직결되는 image를 지울 수 없게 되어 있기 때문이다.

童心이라 表現할 때 어린이의 마음 또는 原初的인 人間의 마음 즉 本來面目 天心, 佛心으로 受用할 수 있기 때문이다.

永遠한 兒童性에 뿌리한 創作文學을 小波는 兒童文學으로 일축했으나 童心의 世界를 바탕으로 한 문학은 童話만아 아닌 모든 Genre의 文學의 칭하여 童心文學이라 表現할 수 있는 것이다. 兒童文學이란 表現은 기본 思考 과정에서부터 限界性을 짙게 내포하고 있다. 그러므로 그러한 表現을 벗어나서 童心이라는 세계를 추구해가는 童心文學으로써 展開해 봄이 바람직하리라 생각한다.

五. 結語

兒童文學은 어린이만을 위한 것으로 一般文學과는 먼 거리에 있는 低次元에 속하는 것이 아닌 것을 확신할 수 있다. 단순히 어린이만을 위한 것이 아니라 童心을 추구하고 童心을 그리워하는 어린이의 마음일 뿐 아니라 至高至純한 原初心이며 完全한 人間性이기 때문에 어른들의 마음의 고향이기도 하다. 마음의 고향으로의 歸鄕을 소망하는 것은 現實을 넘어선 理想世界로 향한 모든 人類의 갈망이 아닐 수 없다. 日常的인 생활의 범주를 극복해서 올바른 價値를 찾고 참된 精神性을 수용하려는 노력은 童心의 회복에서 이루어진다.

眞實을 추구해가는 創作文學의 藝術性의 具現이 바로 童心추구라고 추리해 볼 때 童心文學이라는 意味 규명은 重大한 일이라 생각한다.

그러므로 童心文學 설정 의의를 다음과 같이 논하고 싶다.

첫째, 兒童文學에 대한 지극히 一般的인 見解로부터 탈피하여 보다 意味 있는 밀도 깊은 文學으로써 지적하는 것이다. 여기서 지극히 일반적인 見解는 다음과 같다. 兒童文學이 어린이의 성장을 돕는 교육적인 目的下에 쓰여진다는 단순한 이해를 변형하여 본격적인 이해를 시키고 싶은 것이다.

둘째 童心은 어린이의 마음일 뿐 아니라 어른의 마음의 고향으로 칭송되어지고 있다. 그래서 어른들은 항상 마음의 고향을 그리는 情緖生活을 소중하게 간직하고 있다. 그것은 童心을 가졌던 어린이시절의 향수이기도 하겠지만, 그보다는 오히려 때 묻지 않은 순수한 마음, 물들지 않은 마음, 맑고 밝은 希望이 충만된 마음의 수용을 念願하는 것이다. 童心을 동경하는 생활의 一端이 現實을 이끌어 가는 핵이 되고 있는 것이다.

그래서 童心은 어린이에게도 중요 하지만 오히려 成人에게 더 중요한 것이다.

그런 의미에서 「Le Petii Prinee」는 童心의 次元을 표방하여 讀者들의 共感과 찬양을 보았던 童心文學의 하나였다고 볼 수 있다.

셋째, 兒童文學이란 概念은 그의 진가를 규명하기 전에 단순한 日常的인 편견을 가지게 해주고 있다. 그러한 기초적인 편견이나 평가로부터 벗어나서 深度있는 童心의 次元을 설정케 해주고 藝術性을 천명하려면 兒童文學이란 表現보다는 童心文學이란 表現이 넓게 의미를 부여 할 수 있고 더불어 그 藝術性의 고매함과 永遠성을 참다운 價値를 具現시켜 준다고 생각한다.

『원광대학신문』 1978. 8. 21

童心문학

오늘날 우리나라의 아동들은 한국의 창작동화나 동시를 외면하고 있다는 통계가 있다. 그 주된 원인은 난해성에 있고 아동문학의 난해성은 60년대 이후 본격 문학으로서의 발돋움을 위한 문학적 실험, 즉 아동문학의 수준향상이란 생각에만 지나치게 매달려 아동을 위한 문학이란 특수성을 망각했기 때문이라 생각한다.

아동문학도 일반문학의 범주에서 이탈 되어진 것은 아니나 독자를 아동으로 하는 특수한 대상을 가졌다는 점이 일반문학과 다른 몇 가지 조건을 덧붙여 요구하고 있다. 이점은 아동문학이 지닌 특수성을 제시하고 있어 그다지 번거로운 것은 아니라고 보여 진다. 아동문학은 작가가 아동이나 동심으로 돌아가고 싶어 하는 성인에게 읽힐 것을 목적으로 창작한 것이라 하지만, 이정도의 규명도 아동문학에 종사하는 일부의 설에 지나지 않고 있을 뿐, 그저 일반적인 통념에 의하면 아동문학은 미성숙한 단계에 있는 어린이들의 성장 발전에만 도움을 주는 정

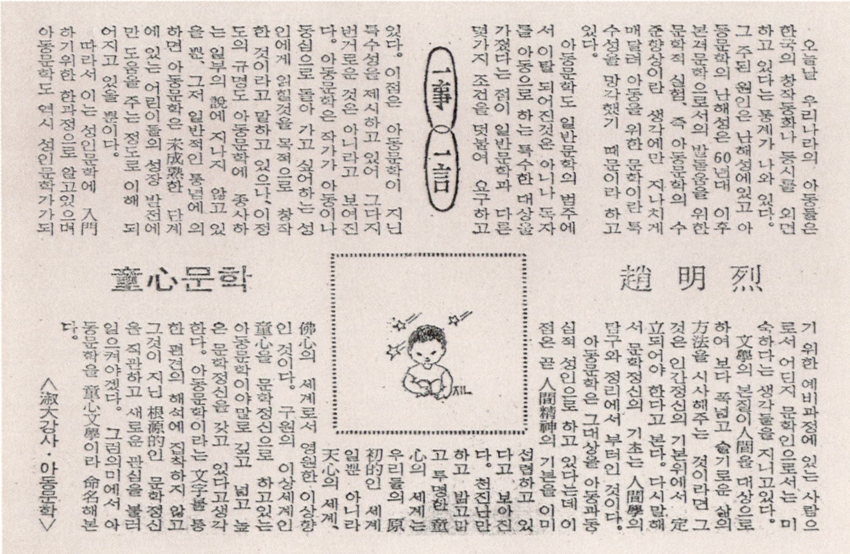

一事一言

童心문학

趙明烈

오늘날 우리나라의 아동들은 한국의 창작동화나 동시를 외면하고 있다는 통계가 나와 있다。그 주된 원인은 난해성에있고 아동문학의 난해성은 60년대 이후 본격문학으로서의 발돋움을 위한 문학적 실험、즉 아동문학의 수준향상이란 생각에만 지나치게 매달려 아동을 위한 문학이란 특수성을 망각했기 때문이라 하고 있다。

아동문학도 일반문학의 범주에서 이탈 되어진것은 아니나 독자를 아동으로 하는 특수한 대상을 가졌다는 점이 일반문학과 다른 몇가지 조건을 덧붙여 요구하고 있다。이점은 아동문학이 지닌 특수성을 제시하고 있어 그다지 번거로운 것은 아니라고 보여진다。아동문학은 작가가 아동이나 동심으로 돌아 가고 싶어하는 성인에게 읽힐것을 목적으로 창작한 것이라고 말하고 있으나、이정도의 규명도 아동문학에 종사하는 일부의 說에 지나지 않고 있을 뿐、그저 일반적인 통념에 의하면 아동문학은 未成熟한 단계에 있는 어린이들의 성장 발전에만 도움을 주는 정도로 이해 되어지고 있을 뿐이다。

따라서 이는 성인문학에 入門하기위한 한과정으로 알고있으며 아동문학도 역시 성인문학가가 되기 위한 예비과정에 있는 사람으로서 어딘지 문학인으로서는 미숙하다는 생각들을 지니고있다。

文學의 본질이 人間을 대상으로 하여 보다 폭넓고 슬기로운 삶의 方法을 시사해주는 것이라면 그것은 인간정신의 기본위에서 定立되어야 한다고 본다。다시말해서 문학정신의 기초는 人間學의 탐구와 정리에서 부터인 것이다。

아동문학은 그대상을 아동과동심적 성인으로 하고 있다는데 이점은 곧 人間精神의 기본을 이미 섭렵하고 있다고 보아진다。천진난만하고 밝고맑고 투명한 童心의 세계는 우리들의 原初的인 세계일뿐 아니라 天心의 세계、佛心의 세계로서 영원한 이상향인 것이다。구원의 이상세계인 童心을 문학정신으로 하고있는 아동문학이야말로 깊고 넓고 높은 문학정신을 갖고 있다고생각한다。아동문학이라는 文字를 통한 편견의 해석에 집착하지 않고 그것이 지닌 根源的인 문학정신을 직관하고 새로운 관심을 불러일으켜야겠다。그런의미에서 아동문학을 童心文學이라 命名해본다。

〈淑大강사·아동문학〉

도로 이해되어 지고 있을 뿐이다.

따라서 이는 성인문학에 入門하기 위한 한 과정이고 아동문학자도 역시 성인문학가가 되기 위한 예비과정에 있는 사람으로서 어딘지 문학인으로서는 미숙하다는 편견을 갖는 이도 없지 않다.

文學의 본질이 人間을 대상으로 하여 보다 폭넓고 슬기로운 삶의 方法을 시사해주는 것이라면 그 것은 인간정신의 기본위에서 定立되어야 한다고 본다. 다시말해서 문학정신의 기초는 人間學의 탐구와 정리에서 부터인 것이다.

아동문학은 그 대상을 아동과 동심적 성인으로 하고 있다는데 이점은 곧 人間精神이 기본을 이미 섭렵하고 있다고 보아진다. 천진난만하고 밝고 맑고 투명한 童心의 세계는 우리들의 原初的인 세계일뿐 아니라 天心의 세계, 佛心의 세계로서 영원한 이상향인 것이다. 구원의 이상세계인 童心을 문학정신으로 하고 있는 아동문학이야말로 깊고 넓고 높은 문학정신을 갖고 있다고 생각한다. 아동문학이라는 文字를 통한 편견의 해석에 집착하지 않고 그것이 지닌 根源的인 문학정신을 직관하고 새로운 관심을 불러 일으켜야겠다. 그런 의미에서 아동문학을 童心文學이라 命名해 본다.

『조선일보』 一事一言, 1979. 8. 9

童話정신

세계아동의 해인 올해. 어린이의 정신질환에 대한 사회적 관심이 높아가고 있다고 한다. 그 중요한 이유의 하나가 정신질환을 앓는 어린이의 숫자가 점점 늘어나고 있다는데 있다. 어린이의 정신질환은 정신적인 것이 원인 된 학습장애나 정서장애, 청소년기 갈등, 정신분열증으로 나타난다. 이에 대한 예방의 방법으로는 먼저 정서적으로 장애를 만드는 일이 없도록 해주어야 하며 정서적 안정에 많은 신경을 써 주어야 한다는데 공통적인 의견을 보이고 있다.

이웃 일본에서는 국민학생도 종종 자살을 한다고 한다. '세상이 더 살고 싶지가 않아서 죽는다.' 는 것이다. 참으로 어이없는 일이다. 가히 실소를 금할 길이 없다.

그러나 웃어버리고 말 일이겠는가. 그러한 일면을 통해서 현대가 안고 있는 많은 문제를 투시해 볼 수 있는 것이다. 결국 20세기의 과학문명이 낳은 부산물들은 복잡한 문제를 일으키고 있다고 생각한다. 편리

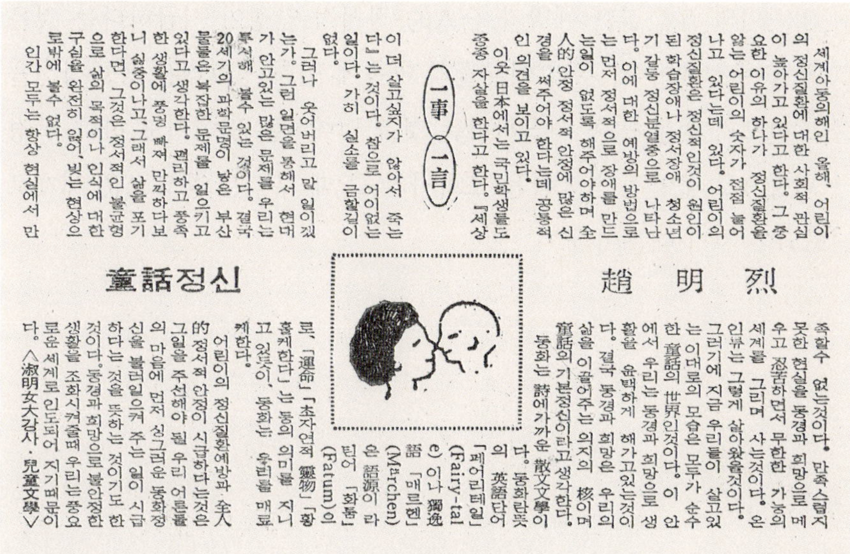

一事一言

童話정신

趙 明 烈

세계아동의해인 올해, 어린이의 정신질환에 대한 사회적 관심이 높아가고 있다고 한다. 그중요한 이유의 하나가 정신질환을 앓는 어린이의 숫자가 점점 늘어나고 있다는데 있다. 어린이의 정신질환은 정신적인것이 원인이 된 학습장애나 정서장애 청소년기 갈등 정신분열증으로 나타난다. 이에 대한 예방의 방법으로는 먼저 정서적으로 장애를 만드는일이 없도록 해주어야하며 全人的안정 정서적 안정에 많은 신경을 써주어야 한다는데 공통적인 의견을 보이고 있다.

이웃 日本에서는 국민학생들도 종종 자살을 한다고 한다. 『세상이 더 살고싶지가 않아서 죽는다』는 것이다. 참으로 어이없는 일이다. 가히 실소를 금할길이 없다.

그러나 웃어버리고 말 일이겠는가. 그런 일면을 통해서 현대가 안고있는 많은 문제를 우리는 투시해 볼수 있는 것이다. 결국 20세기의 과학문명이 낳은 부산물들은 복잡한 문제를 일으키고 있다고 생각한다. 편리하고 풍족한 생활에 풍덩 빠져 만끽하다보니 싫증이나고, 그래서 삶을 포기한다면, 그것은 정서적인 불균형으로 삶의 목적이나 인식에 대한 구심을 완전히 잃어, 빚는 현상으로밖에 볼수 없다.

인간 모두는 항상 현실에서 만족할수 없는것이다. 만족스럽지 못한 현실을 동경과 희망으로 메우고 忍苦하면서 무한한 가능의 세계를 그리며 사는것이다. 온 인류는 그렇게 살아왔을것이다. 그러기에 지금 우리들이 살고있는 이대로의 모습은 모두가 순수한 童話의 世界인것이다. 이 안에서 우리는 동경과 희망으로 생활을 윤택하게 해가고있는것이다. 결국 동경과 희망은 우리의 삶을 이끌어주는 의지의 核이며 童話의 기본정신이라고 생각한다.

동화는 詩에가까운 散文文學이다. 동화란뜻의 英語단어「페어리테일」(Fairy-tale)이나 獨逸語「매르헨」(Märchen)은 語源이 라틴어「화툼」(Fatum)의로,「運命」「초자연적 靈物」「황홀케한다」는 등의 의미를 지니고 있듯이, 동화는 우리를 매료케한다.

어린이의 정신질환예방과 全人的정서적 안정이 시급하다는것은 그일을 주선해야 될 우리 어른들의 마음에 먼저 싱그러운 동화정신을 불러일으켜 주는 일이 시급하다는 것을 뜻하는 것이기도 한 것이다. 동경과 희망으로 불안정한 생활을 조화시켜줄때 우리는 풍요로운 세계로 인도되어 지기때문이다. <淑明女大강사·兒童文學>

하고 풍족한 생활에 풍덩 빠져 만끽하다보니 싫증이 나고, 그래서 삶을 포기한다면, 그것은 정서적인 불균형으로 삶의 목적이나 인식에 대한 구심점을 갖지 못한 현상으로밖에 볼 수 없다.

인간 모두는 항상 현실에 만족할 수 없는 것이다. 만족스럽지 못한 현실을 동경과 희망으로 메우고 忍苦하면서 무한한 가능의 세계를 그리며 사는 것이다. 온 인류는 그렇게 살아 왔을 것이다. 그러기에 지금 우리들이 살고 있는 모습, 즉 가능의 세계를 추구하는 이들은 그 내면에 순수한 童話정신이 자리하고 있다고 생각한다.

동화는 詩에 가까운 散文文學이다. 동화란 뜻의 英語의 '페어리테일(Fairy-tale)' 이나 獨逸語 '메르헨(Mörchen)' 은 語源이 라틴어 '화툼(Fatum)' 으로, '運命', '초자연적 靈物', '황홀케 한다' 는 등의 의미를 지닌다. 실로 동화는 우리를 매료케 한다.

어린이의 정신질환 예방과 全人的 정서적 안정이 시급하다는 것은 그 일을 주선해야 될 우리 어른들의 마음에 먼저 싱그러운 동화정신을 불러 일으켜 주는 일이 시급하다는 것을 의미하는 것이기도 하다. 동경과 희망으로 불안정한 생활을 조화시켜 줄 때 우리는 풍요로운 세계로 인도되어 지기 때문이다.

『조선일보』 一事一言, 1979. 8. 16

現場 教育

"뭐 자가용인가? 똑같은 돈 주고 탔는데, 같이 앉아가지 뭐…"

종종 들을 수 있는 열차 속에서의 대화 한 토막이다. 그러나 지난 주 고향에서 상경하는 기차 안에서 들은 이 이야기는 유난히 마음을 쓰이게 하는 言行이었고, 아직까지도 내 마음을 안타깝게 하고 있다.

복 많은 바캉스族들의 귀향과 개학을 앞둔 上京留學生들로 열차는 붐볐고 거기다가 좌석을 얻기란 무척 어려운 교통편이었다. 매스컴을 통해서 금년 여름의 바캉스의 한산함은 공감되어질 수 없을 만큼 차안은 복작하기만 했다. 그중 바캉스를 다녀오다가 입석으로 승차했던 어떤 어머니가 앞의 이야기를 연신 되풀이이하면서 좌석에 앉아 있는 사람들을 상대하여 공공연히 시위하려들던 사태는 정말 어처구니없는 모습이 아닐 수 없었다. 똑같은 돈을 주고 차표를 샀는데 뭐 그렇게 거만스럽게 자기만 앉아 갈 수 있느냐, 한자리 양보해서 같이 앉아 가자는 내용이었다.

一事一言

現場 教育

趙明烈

『뭐 자가용인가? 똑같은 돈주고 탔는데, 같이 앉아가지 뭐…』

종종 들을수있는 열차속에서의 이야기 한토막이다. 그러나 지난주 고향에서 상경하는 기차안에서 들은 이 이야기는 유난히 마음을 쓰이게하는 言行이었고, 아직까지도 내 마음을 안타깝게 하고 있다.

복많은 바캉스族들의 귀향과 개학을 앞둔 上京留學生들로 열차는 붐볐고 거기다가 좌석을 얻기란 무척 어려운 교통편이었다. 매스컴을 통해서 들던 금년 여름의 바캉스界의 한산함은 공갈되어질 수 없을만큼 차안은 복잡하기만 했다.

그중 바캉스를 다녀 오다가 입석으로 승차했던 어떤 어머니가 앞의 이야기를 연신 되풀이하면서 좌석에 앉아있는 사람들을 상대하여 공공연히 시위하려들던 사태는 정말 어처구니없는 모습이 아닐수 없었다. 똑같은 돈을 주고 차표를 샀는데 뭐 그렇게 거만스럽게 자기만 앉아갈 수 있느냐, 한자리 양보해서 같이 앉아가자는 내용이었다.

그러나 입석과 좌석의 금액은 결코 같은 액수일수는 없다. 더우기 바캉스를 다녀오는 사람의 주머니속에 든 돈은 여유있는 돈일수도 있지만, 모처럼 상경하는 사람의 주머니돈은 아껴쓰고 저축해온 것일수도 있듯이 엄연히 똑같은 돈일수는 없는 것이다.

그런데 더더욱 울화가 치밀게 하는 것이있었다. 세상에서 제일 잘난듯 시위하는 그어머니옆에는 어린아들이 있었는데, 어머니는 아들에게 미칠 교육적인 효과는 전혀 생각지 않는 언행으로 일관하고 있질않은가.

과제물없는 방학을 하면서 당국에서는 「많은 과제물을줄인 금년여름 방학동안은 현장교육으로 연결한다」는 지침을 학부모에게 전달한바 있었다. 이 새로운 방학을 자못 기대하면서 능률적인 자녀교육의 한면을 부모들은 양도받았던 것이다.

유태인의 어머니들은 배고파하는 어린자녀에게 빵을 먹여서 우선 주림을 면하게 하는것보다는 빵을 만드는 방법을 가르쳐준다고 한다. 근시안적인 자녀교육보다는 보다 원대한 삶의 방법을 가르치는 어머니의 교육이 학교교육에 앞서 더 시급한 것이다.

입석료를 샀으면 목적지까지 서서가야 된다는것을 알려주고 서서 갈수있는 인내심을 길러보도록 지켜볼수있는 마음씨가 진실로 자녀를 사랑하는 길이 아닐까.

현장교육에 대한 계몽은 어린이에게 보다는 먼저 어머니들을 상대로 실시해야겠다.

〈淑明女大강사·아동문학〉

그러나 입석과 좌석의 금액은 결코 같은 액수일수는 없다. 더욱이 바캉스를 다녀오는 사람의 주머니 속에 든 돈은 여유 있는 돈일수도 있지만, 모처럼 상경하는 사람의 주머닛돈은 아껴 쓰고 저축해 온 것일수도 있듯이 엄연히 똑같은 돈일 수는 없는 것이다.

그런데 더더욱 울화가 치밀게 하는 것이었다. 세상에서 제일 잘난

듯 시위하는 그 어머니 옆에는 어린 아들이 있었는데, 어머니는 아들에게 미칠 교육적인 효과는 전혀 생각지 않는 언행으로 일관하고 있질 않는가.

과제물 없는 방학을 하면서 당국에서는 '많은 과제물을 줄인 금년 여름 방학 동안은 현장교육으로 연결한다.'는 지침을 학부모에게 전달한 바 있었다. 이 새로운 방학을 자못 기대하면서 능률적인 자녀교육의 한 면을 부모들은 양도 받았던 것이다.

유태인의 어머니들은 배고파하는 어린자녀에게 빵을 먹여서 우선 주림을 면하게 하는 것보다는 빵을 만드는 방법을 가르쳐준다고 한다. 근시안적인 자녀교육보다는 보다 원대한 삶의 방법을 가르치는 어머니의 교육이 학교교육에 앞서 더 시급한 것이다.

입석표를 샀으면 목적지까지 서서가야 된다는 것을 알려주고 서서 갈 수 있는 인내심을 길러보도록 지켜 볼 수 있는 마음씨가 진실로 자녀를 사랑하는 길이 아닐까.

현장교육에 대한 계몽은 어린이에게 보다는 먼저 어머니들을 상태로 실시해야겠다.

『조선일보』 一事一言, 1979. 8. 23

자연의 조화

금년에도 봄은 어김이 없이 찾아왔다. 겨우내 앙상하게 서 있던 나뭇가지에는 어느덧 톡톡 새 움이 돋아 연둣빛으로 물들어지고 땅 위에는 새 싹이 파릇파릇 고옵게 얼굴을 내 밀고 있다. 특히 요즈음 대체로 우리의 눈길을 끄는 것은 어디서나 쉽게 볼 수 있는 백목련일 것이다. 목련은 잎 보다는 꽃이 먼저 피고 그 빛깔 역시 눈이 부시도록 하얗고 또한 우리들이 제일먼저 볼 수 있는 봄꽃중의 하나이기 때문일 것이다. 더욱이 요즈음 볼 수 있는 백목련의 꽃망울은 마치 공중에 대달려 있는 것처럼 신기한 모습으로 보여 지기 때문에 나는 곧잘 걸음을 멈추고 응시할 때가 많다. 그러면서 생각하게 되는 것은 '올해도 봄은 어김없이 우리를 찾아왔구나.' 하는 생각을 또 다시 하게 된다. 하긴 해마다 봄이 오면 되풀이 해온 생각이었다.

사실 어떻게 생각하면 인간도 자연의 일부임에 틀림이 없는데 자연의 理法이나 질서를 읽기가 어렵고 더더욱 그를 따르지 못하는 것은

【7】 1986年4月6日 (日曜日)

고임돌

자연의 調和

趙明烈

〈仁川大 강사 國文學〉

금년에도 봄은 어김이 없이 찾아왔다. 겨우내 앙상하게 서 있던 나뭇가지에는 어느덧 톡톡 새 움이 돋아 연두빛으로 물들어지고 땅 위에는 새 싹이 파릇파릇 고웁게 얼굴을 내 밀고 있다. 특히 요즈음 대체로 우리의 눈길을 끄는 것은 어디서나 쉽게 볼 수 있는 백목련일 것이다. 목련은 잎 보다는 꽃이 먼저 피고 그 빛깔 역시 눈이 부시도록 하얗고 또한 우리들이 제일먼저 볼 수 있는 봄꽃중의 하나이기 때문일 것이다. 더우기 요즈음 볼 수 있는 백목련의 꽃망울은 마치 공중에 매달려있는 것처럼 신기한 모습으로 보여지기 때문에 나는 곧잘 걸음을 멈추고 응시할때가 많다. 그러면서 생각하게 되는것은 「올해도 봄은 어김없이 우리를 찾아왔구나」하는 생각을 또 다시 하게된다. 허긴 해마다 봄이 오면 되풀이해온 생각이었다.

사실 어떻게 생각하면 인간도 자연의 일부임에 틀림이 없는데 자연의 理法이나 질서를 읽기가 어렵고 더더욱 그를 따르지 못하는 것은 무엇 때문일까.

자연은 運行의 순서를 뒤바꾸는 일이 없고 빠뜨리는 일도 없으며 경쟁을 하거나 질서를 어기는 일이 없이 오로지 정해진 이치를 따라서 꾸준하게 진행하며 무궁하게 조화를 이루고 있을 뿐이다. 이를 일러서 흔히 자연의 公道, 자연의 攝理, 理法이라고들 하는데 나름대로 간추려 본다면 자연은 질서와 조화의 원리에 입각해서 진행되고 있다고 볼 수 있다. 그렇기 때문에 자연세계는 혼란과 혼돈이 일어나지 않는 것이다.

벚꽃나무와 백목련은 같은조건 같은 환경에 처해 있어도 벚꽃나무는 꽃보다는 잎을 먼저 내밀고 백목련은 잎보다는 꽃망울을 먼저 터뜨려서 봄의 소식을 전해주고 있는 그러한 광경이 바로 자연의 질서이며 자연의 조화라고 할 수 있는 것이다.

예부터 동양에서는 어진 임금을 聖君이라고 일컬어 왔으며 그러한 聖君으로는 요(堯)순(舜)우(禹)탕(湯)문(文)무(武)왕등 二帝와 三王을 들었고 그들이 聖君된 업적의 중심으로는 治山治水를 잘 했음을 지적한다고 한다. 그것은 바로 자연의 섭리를 수순해서 文字대로 태평성대를 누렸다는 의미일 것이며 그는 또한 자연의 섭리인 질서와 조화의 원리를 체득한 결과일 것임에 틀림이 없다.

「올해도 봄은 어김이 없이 온다」는 생각만을 되풀이할 것이 아니라 자연의 일부인 인간으로서 질서와 조화의 妙를 터득해서 일상성을 극복해가는 슬기로운 자연이 되고싶다. 이 봄이 가기전에.

무엇 때문일까.

자연은 運行의 순서를 뒤바꾸는 일이 없고 빠뜨리는 일도 없으며 경쟁을 하거나 질서를 어기는 일이 없이 오로지 정해진 이치를 따라서 꾸준하게 진행하며 무궁하게 조화를 이루고 있을 뿐이다. 이를 일러서 흔히 자연의 公道, 자연의 攝理, 理法이라고들 하는데 나름대로 간추려 본다면 자연은 질서와 조화의 원리에 입각해서 진행되고 있다고 볼 수 있다. 그렇기 때문에 자연세계는 혼란과 혼동이 일어나지 않는 것이다.

백목련을 비롯한 봄꽃들은 같은 환경에 처해 있어도 꽃망울을 동시에 열지는 않는다. 모르긴 해도 적적한 시기에 맞춰서 개나리, 진달래, 벚꽃, 철쭉 등등이 봄소식을 전한다. 이 봄꽃을 통해서도 자연의 질서와 조화를 느낀다.

옛부터 동양에서는 어진 임금을 聖君이라고 일컬어 왔으며 그러한 성군으로 요堯, 순舜, 우禹, 탕湯, 문文, 무武, 주공周公 등을 들었고 성군의 업적으로 治山治水를 지적한다고 했다고 한다. 그것은 바로 태평성대를 누렸다는 의미 일 것이며, 또한 자연의 섭리인 질서와 조화의 원리를 체득한 결과일 것임에 틀림이 없다.

'올해도 봄은 어김없이 온다.'는 생각만을 되풀이할 것이 아니라 자연의 일부인 인간으로서 질서와 조화의 妙를 터득해서 일상성을 극복해가는 슬기로운 자연이 되고 싶다. 이 봄이 가기 전에.

고임돌, 1986. 4. 6

拓本의 원리

언제부터 이 말을 사용했었는지 알 수 없으나 우리는 이 시대를 '자기PR', '자기선전' 시대라고 해왔다. 자기선전이란 스스로가 지닌 능력과 실력을 소신 있게 표현해서 올바른 평가를 받고자하는 데에 그 목적이 있다고 본다.

양보하고 이해하고 겸손하고 상냥함을 미덕이라고 배우고 익혀온 세대에게는 조금 생소한 느낌을 주기도 하지만 그런대로 자기선전은 무난히 뿌리를 내리고 있는 것 같다. 특히 요즈음 신입사원을 모집하는 각 기업체들의 모집광고를 보면 구비소류 항목에 반드시 '자기소개서' 라고 하는 낯선 서류가 첨가되어 있다. 그것을 볼 때마다 '자기소개서' 는 어떤 내용의 기록을 요구하는 것일까 하는 의문이 머리를 스치곤 한다. 그렇다면 이력서에 소개된 학력과 경력 등을 제외한 자기소개서를 요구하고 있음인데 그것이 과연 무엇일까. 어쨌든 이력서에서 못다 밝힌 자기소개를 위해서 또 나의 서류를 첨가하고 있다고 할 때 분명

【7】 1986年4月15日 (火曜日)

고임돌

拓本의 원리

趙 明 烈
〈仁川大 강사 國文學〉

언제부터 이 말을 사용했었는지 알수 없으나 우리는 이 시대를 「자기PR」 「자기선전」시대라고 해왔다. 자기선전이란 스스로가 지닌 능력과 실력을 소신있게 표현해서 올바른 평가를 받고자하는 데에 그 목적이 있다고 본다.

양보하고 이해하고 겸손하게 사양함을 美德이라고 배우고 익혀온 세대에게는 조금 생소한 느낌을 주기도 하지만 그런대로 자기선전은 무난히 뿌리를 내리고 있는 것 같다. 특히 요즈음 신입사원을 모집하는 각 기업체들의 모집광고를 보면 구비서류 항목에 반드시 「자기소개서」라고 하는 낯선 서류가 첨가되어 있다. 그것을 볼때마다 「자기소개서」는 어떤 내용의 기록을 요구하는 것일까 하는 의문이 머리를 스치곤 한다. 그렇다면 이력서에 소개된 학력과 경력등을 제외한 자기소개를 요구하고 있음인데 그것이 과연 무엇일까. 어쨌든 이력서에서 못다 밝힌 자기소개를 위해서 또 하나의 서류를 첨가하고 있다고 할때 분명히 자기선전이란것은 이 시대를 살아가는데 있어서 중요한 역할을 하고 있음을 실감시켜주고 있다.

그러나 자신이 지니고 있는 능력과 실력의 올바른 평가는 스스로 하는 것이 아니고 타인들에 의해서 이루어지는 것이기 때문에 그것을 의식한 나머지 자기선전에 지나칠이만큼 열과 성을 다하는 경우가 많다. 그래서 결국은 자기선전이라고 하는 본래의 의도를 이탈해서 본의아니게 남을 짓밟고 헐뜯게 된다. 순전히 자신의 군림을 위해서이기 때문에 그도가 지나치면 질서의 파괴와 혼란의 재앙을 자초하는 꼴이 되고만다. 지나친 자기집착에서 빚어지는 자기선전이나 군림은 그 종말에는 반드시 어두움이 온다는 것을 잘 알면서도 과대망상이나 자기 집착으로부터 벗어나지 못하는 愚를 범하는 것은 인간이기 때문에 가능한 것일까.

나는 가끔 拓本의 원리를 생각한다. 탁본은 금속이나 돌에 새겨진 문양이나 글을 얻고자 하는 것이지만 문양이나 글자자체만을 두들겨서는 탁본을 해 낼수가 없다. 오히려 문양과 글의 주변을 두들기면 얻고자하는 문양과 글이 선명히 나타난다. 이때 새겨진 문양과 글은 이(理), 그 주변은 사(事)라고 할만하다. 그것은 곧 이(理)는 사(事)에 의해서 비로소 구상화되어진다는 것을 뜻하고 있다.

사람이 사는 원리도 탁본의 원리와 조금도 다를 바가 없다고 생각한다. 모든 사람들은 나름대로 사회에서 자기가 인정받기를 원하고 있지만 그를 위한 노력은 자신을 스스로 선전함에서 얻어지는 것이 결코 아닌것임을 탁본의 원리를 통해서도 우리는 잘 알수 있을것 같다.

히 자기선전이란 것은 이 시대를 살아가는데 있어서 중요한 역할을 하고 있음을 실감시켜주고 있다.

그러나 자신이 지니고 있는 능력과 실력의 올바른 평가는 스스로 하는 것이 아니고 타인들에 의해서 이루어지는 것이기 때문에 그것을 의식한 나머지 자기선전에 지나칠 만큼 열과 성을 다하는 경우가 많다. 그래서 결국은 자기선전이라고 하는 본래의 의도를 이탈해서 본의 아니게 남을 짓밟고 헐뜯게 된다. 순전히 자신의 군림을 위해서이기 때문에 그 도가 지나치면 질서의 파괴와 혼란의 재앙을 자초하는 꼴이 되고 만다. 지나친 자기집착에서 빚어지는 자기선전이나 군림은 그 종말에는 반드시 어두움이 온다는 것을 잘 알면서도 과대망상이나 자기 집착으로부터 벗어나지 못하는 愚를 범하는 것은 인간이기 때문에 가능한 것일까.

나는 가끔 拓本의 원리를 생각한다. 탁본은 금속이나 돌에 새겨진 문양이나 글을 얻고자 하는 것이지만 문양이나 글 자체만을 두들겨서는 탁본을 해 낼 수가 없다. 오히려 문양과 글의 주변을 두들기면 얻고자하는 문양이나 글이 선명히 나타난다. 이때 새겨진 문양과 글은 理, 그 주변은 事라 할만하다. 그것은 곧 理는 事에 의해서 비로소 구상화되어진다는 것을 뜻하고 있다.

사람이 사는 원리도 탁본의 원리와 조금도 다를 바가 없다고 생각한다. 모든 사람들은 나름대로 사회에서 자기가 인정받기를 원하고 있지만 그를 위한 노력은 자신을 스스로 선전함에서 얻어지는 것이 결코 아닌 것임을 탁본의 원리를 통해서도 우리는 잘 알 수 있을 것 같다.

고임돌, 1986. 4. 15

心田에 뿌리는 씨앗

우리 속담에 '콩 심은데 콩 나고 팥 심은데 팥 난다'는 말이 있다. 이 말은 곧 어떤 원인이 있으면 반드시 그에 부응하는 결과를 초래한다는 뜻으로 이해되어왔다.

그런데 우리는 곧잘 뿌리고 거두는 일은 농부들만의 일인 양 생각하곤 한다. 농부들은 흙을 대상으로 뿌리고 거두기 때문일 것이다. 그러나 흙을 상대하여 씨앗을 뿌리는 농민은 항상 뿌리고 가꾼 만큼의 공정한 댓가를 흙으로부터 돌려받아왔다. 그러면서 구슬땀 흘리며 경작하던 고달픔 들이 결실이라고 하는 성취의 보람 앞에서는 잊혀진 옛이야기가 되어질 뿐이다.

흙은 지극히 순수하고 오로지 천진스러울 뿐이다. 그렇기에 감자를 심었던 밭에서 고구마나 마늘을 얻어 본 적이 한 번도 없었으며 보리 씨앗을 파종한 밭에서 콩이나 녹두를 거두어들인 일도 물론 없었다. 그저 수확하는 시기에 다다랐을 때 얻어진 결과는 잘 여문 곡식을 풍성

고임돌

心田에 뿌리는 씨앗

趙明烈

〈仁川大 강사 國文學〉

우리 속담에 「콩 심은데 콩 나고 팥 심은데 팥 난다」는 말이 있다. 이 말은 곧 어떤 원인이 있으면 반드시 그에 부응하는 결과를 초래한다는 뜻으로 이해되어왔다.

그런데 우리는 곧잘 뿌리고 거두는 일은 농부들만의 일인양 생각하곤 한다. 농부들은 흙을 대상으로하여 뿌리고 거두기 때문일 것이다. 그러나 흙을 상대하여 씨앗을 뿌리는 농민은 항상 뿌리고 가꾼 만큼의 공정한 댓가를 흙으로부터 돌려받아왔다. 그러면서 구슬땀 흘리며 경작하던 고달픔들이 결실이라고 하는 성취의 보람 앞에서는 잊혀진 옛 이야기가 되어질 뿐이다.

흙은 지극히 순수하고 오로지 천진스러울 뿐이다. 그렇기에 감자를 심었던 밭에서 고구마나 마늘을 얻어 본 적이 한번도 없었으며 보리씨앗을 파종한 밭에서는 콩이나 녹두를 거두어 들인 일도 물론 없었다. 그저 수확하는 시기에 다다랐을 때 얻어진 결과는 잘 여문 곡식을 풍성하게 거두고 못거두는 차이가 있을 뿐이다. 그런데 그것은 경작과정동안에 얼마만큼 성실하게 흙을 다스렸고 못 다스렸는지의 반영이기 때문에 그 수확의 결과는 곧 농민의 성실성을 나타내고 있다고 한다. 「아침에 일찍 일어나는 새는 많은 벌레를 잡는다」는 말을 농가에서는 곧잘 들을 수 있는데 아는 곧 근면과 성실을 의미하는 것이다.

그러나 뿌린대로 거둔다는 말은 佛陀의 가르침에서도 중요하게 다루고 있다. 因果應報 自業自得이 바로 그것이며 이 가르침을 통해서 중생들은 각자의 人生觀을 바르게 확립시킬수 있다고 생각한다.

농부는 눈 앞에 펼쳐진 들과산의 흙위에 무수히 뿌리고 가꾼 만큼의 수확을 한다. 그러나 인간은 보이지 않는 마음의 밭(心田)에 온갖 선악의 씨앗을 뿌리고 거두기 때문에 自業自得이라고 한다. 농부는 파종의 시기를 놓치면 뿌리고 거둘수 없으나 인간은 시시각각으로 파종하고 때때로 그 결실을 거둔다고 한다.

그래서 훌륭한 인격자는 心田가꾸기를 게을리하지 않는다고 한다. 그러므로 농사 중 농사는 마음농사 자식농사 사람농사라 하신 先親의 말씀이 새롭게 기억된다.

그런데 오늘의 우리현실은 어떠한가. 뿌린대로 거둔다는 평범한 진리를 내 자녀에게, 우리 이웃에게, 자라나는 젊은이들에게 가슴 깊이깊이 새겨두라고 서슴없이 말을 할 수가 있는가. 온갖 부조리와 비리의 씨앗을 뿌린 기성 이웃들이 아직도 풍성하게 건재하신데 어떻게 파종과 경작의 순서를 알려주고 무슨방법으로 自業自得임을 새겨 주어야 할까.

하게 거두고 못 거두는 차이가 있을 뿐이다. 그런데 그것은 경작과정동안에 얼마만큼 성실하게 흙을 다스렸고 못 다스렸는지의 반영이기 때문에 그 수확의 결과는 곧 농민의 성실성을 나타내고 있다고 한다. '아침에 일찍 일어나는 새가 많은 벌레를 잡는다.' 는 말을 농가에서는 곧잘 들을 수 있는데 이는 곧 근면과 성실을 의미하는 것이다.

그러나 뿌린대로 거둔다는 말은 佛陀의 가르침에서도 중요하게 다루고 있다. 因果應報, 自業自得이 바로 그것이며, 이 가르침을 통해서 중생들은 각자의 人生觀을 바르게 확립시킬 수 있다고 생각한다.

농부는 눈앞에 펼쳐진 들과 산의 흙 위에 무수히 뿌리고 가꾼 만큼의 수확을 한다. 그러나 인간은 보이지 않는 마음의 밭(心田)에 온갖 선악의 씨앗을 뿌리고 거두기 때문에 자업자득이라고 한다. 농부는 파종의 시기를 놓치면 뿌리고 거둘 수 없으나 인간은 시시각각으로 파종하고 때때로 그 결실을 거둔다고 한다. 그래서 훌륭한 인격자는 心田가꾸기를 게을리 하지 않는다고 한다. 그러므로 농사 중 농사는 마음농사 자식농사 사람농사라 하신 先親의 말씀이 새롭게 기억된다.

그런데 오늘의 우리 현실은 어떠한가. 뿌린 대로 거둔다는 평범한 진리를 내 자녀에게, 우리 이웃에게, 자라나는 젊은이들에게 가슴 깊이 깊이 새겨두라고 서슴없이 말을 할 수가 있는가. 온갖 부조리와 비리의 씨앗을 뿌린 기성인들이 아직도 풍성하게 건재하신데 어떻게 파종과 경작의 순서를 알려주고 무슨 방법으로 자업자득임을 새겨 주어야 할까.

고임돌, 1986. 4. 23

어린이는 어린이답게

우리 집 아래층 식구 중에 다섯 살 난 남자 아이가 있는데 그를 통해서 나는 많은 것을 느끼고 배우기도 한다. 그 아이는 아무 때든지 우리 집을 올라온다. 심심하거나, 군것질이 생각날 때, 그리곤 저희 엄마가 없을 때는 꼭 올라온다. 올라 올 때마다 장난기 어린 나의 검문이 있기 때문에 '두드럭' 하고 문을 열고는 한 동안은 가만히 있다.

"누구야"하는 내 음성을 들은 후부터는 또각또각 소리를 내면서 올라 온다. "왜 왔어, 친구도 없는데?"하고 물으면 "나 새니미(선생님을 그렇게 부름)가 보고파서 왔는데…" 살포시 보조개가 패이고 눈웃음까지 치는 그 모습을 보면 아무리 바쁘고 급한 일이 있어도 뒤로 제껴 두고 말게 된다. "정말로 새니미가 보고팠어?"하고 한 마디만 응해주면 이야기가 시작이 되지만 그 내용은 그야말로 종횡무진으로 뒤죽박죽이 된다.

워낙에 애들을 좋아하는지라 즐겁게 시간은 흐른다. 그러다가 문득

【7】 1986年4月30日 (水曜日)

고임돌

어린이는 어린이답게

趙明烈

〈仁川大 강사 國文學〉

우리집 아래층 식구중에 올해 다섯살난 남자아이가 있는데 그를 통해서 나는 많은 것을 느끼고 배우기도 한다. 그 아이는 아무때든지 우리집을 올라온다. 심심하거나 군것질이 생각날때, 그리곤 저희 엄마가 없을때는 꼭 올라온다. 올라올 때마다 장난기어린 나의 검문이 있기 때문에 「두르럭」하고 문을 열고는 한동안은 가만히 있다.

『누구야』하는 내음성을 들은후부터는 또각또각 소리를 내면서 올라온다. 『왜왔어 친구도 없는데?』하고 물으면 『나 새니미(선생님을 그렇게 부름)가 보고파서 왔는데…』살포시 보조개가 패이고 눈웃음까지 치는 그 모습을 보면 아무리 바쁘고 급한 일이 있어도 뒤로 제껴두고 말게된다. 『정말로 새니미가 보고팠어?』하고 한마디만 응해주면 이야기가 시작이 되지만 그 내용은 그야말로 종횡무진으로 뒤죽박죽이 된다.

워낙에 애들을 좋아하는지라 즐겁게 시간은 흐른다. 그러다가 문득 『새니미 나 배 고픈데, 먹고픈데…』하고 말머리를 돌리면서 본론이 드디어 나온다. 『아직까지 밥도 안먹었어?』『응, 엄마없어, 시내갔어, 엄마 나빠 그치』

언제나 되풀이해온 것이기에「내가 또 속아줘야지」하면서 밥을 차려준다. 얼굴에 하나 가득 웃음을 띄우면서 『아 맛있다. 새니미 나 여기서 살고픈데』또 나를 놀린다. 『안돼, 너희엄마한테 가야돼』『엄마 미운데는 언니도 안보고프다』 작은 언니도 안보고프다. 나 새니미집이 좋다』 정말로 살거야, 엄마도 없는데 어떻게 살거야?』『엄마 있잖아 여「』하면서 결연쩍어하는 태도로 나를 가리킨다.

『내가 엄마야. 정말 내가 너희 엄마야』『응. 엄마야 불러볼까』『그래 불러봐』『엄마, 엄마…』너무나도 숱하게 당했던 일이라서 지금은 나도 어지간히 무디어졌다.

그럴 때마다 나는 내 어린시절이 떠오른다. 나를 제일 슬프게했던 기억은 내가 우리집 딸이 아니고 〈잔등너머 외딴집 딸〉이라고, 아니면 〈입 비뚤이 엿장수 딸〉이라고 들었을때 두 눈이 퉁퉁 붓도록 울었었다.

그때는 말을 듣지 않았을 때나 귀여워해줄 때에 흔히 그렇게들 말해서 童心에 충격을 주었던 것이다. 그러나 지금은 그 반대가 되었다. 상황에 따라서 쉽게 엄마도 바꿔칠 수가 있는것이다.

어린이의 교육에 뭔가 크게 잘못이 되어있다. 어린이는 어린이다와야 한다. 그러려면 어린이교육은 다방면에서 심도깊게 계획되고 진행되어야 한다. 물론 교육을 담당한 분야에서 전담할일이 아니다. 교육이란 언제나 가정을 본위로해서 그중에서도 어머니의 올바른 교육관 위에서 지도되어야 올바른 교육이 이루어진다고 믿는다.

"새니미 나 배 고픈데, 먹고픈데…"하고 말머리를 돌리면서 본론이 드디어 나온다.

"아직까지 밥도 안 먹었어?"

"응, 엄마 없어, 시내 갔어, 엄마 나빠 그치"

언제나 되풀이해온 것이기에 '내가 또 속아줘야지' 하면서 밥을 차려준다. 얼굴에 하나 가득 웃음을 띠면서 "아 맛있다. 새니미 나 여기서 살고픈 데" 또 나를 놀린다.

"안 돼, 너희 엄마한테 가야돼"

"엄마 미운데, 큰 언니도 안 보고프다. 작은 언니도 안고프다. 나 새니미 집이 좋다"

"정말로 살거야, 엄마도 없는데, 어떻게 살거야?"

"엄마 있잖아 여기"하면서 겸연쩍어하는 태도로 나를 가리킨다.

"내가 엄마야. 정말 내가 너의 엄마야?"

"응, 엄마야 불러볼까"

"그래 불러봐"

"엄마, 엄마…"

너무나도 숱하게 당해온 일이라서 지금은 나도 어지간히 무디어졌다.

그럴 때마다 나는 내 어린 시절이 떠오른다. 나를 제일 슬프게 했던 기억은 내가 우리 집 딸이 아니고 '잔등너머 외딴집 딸' 이라고, 아니면 '입비뚤이 엿장수 딸' 이라고 들었을 때 두 눈이 퉁퉁 붓도록 울었었다.

그때는 말을 듣지 않았을 때나 귀여워 해줄 때에 흔히 그렇게들 말해서 童心에 충격을 주었던 것이다. 그러나 지금은 그 반대가 되었다.

상황에 따라서 쉽게 엄마도 바뀌칠 수가 있는 것이다.

어린이의 교육에 뭔가 크게 잘못 되어 있다. 어린이는 어린이다워야 한다. 그러려면 어린이 교육은 다방면에서 심도 깊게 계획되고 진행되어야 한다. 물론 교육을 담당한 분야에서 전담할 일이 아니다. 교육이란 가정을 본위로 해서 그중에서도 어머니의 올바른 교육관 위에서 지도되어야 올바른 교육이 이루어진다고 믿는다.

고임돌, 1986. 4. 30

문학으로서의 불전설화

文學으로서의『佛典說話』

불교文學觀연구

蓄積된 因緣의 거울

보살도 빛나는 석가모니 前生譚

불전에 나타난 설화

자타카는 釋尊의 前生譚을 뜻하며 現在까지 傳해지고 있는 것으로는 Pāri語로 쓰여 진 22편 547種의 이야기가 南方上座部系統에 의해서 전해진 것이라 한다.

文學으로서의「佛典說話」

一.『佛典』의 文學的分類

『佛典』이란 釋尊의 說法內容을 文字化한 『佛敎經典』의 준말이다. 이미 周知되어진 것처럼 釋尊의 說法內容을 八萬四阡의 法門이라고 하고 그 方法을 '對機說法' 또는 '隨機應變'이라고 表現하는 데에는 그에 따르는 필요 충분한 까닭이 있기 때문이었다고 사료되어진다.

『佛典』의 內容들은 대개 세 가지 종류로 구분을 하고 있다.

첫째, 紀傳類의 文學이다. 이는 釋尊을 비롯한 그의 弟子들의 傳記라고 할 수 있다. 그러나 이것들을 歷史的 資料로서 認定하기에는 조금 무리가 따르기 때문에 편의상 紀傳類라고 칭한다. 이 紀傳類는 다시 三分할 수가 있는데 佛傳, 佛弟子傳, 佛外護者傳으로 구분하고 있다.

紀傳類에서 馬鳴菩薩이 썼다고 하는 『佛所行讚』은 가히 佛敎文學의 백미라 할 수 있을 만큼 文章이나 구성이 뛰어난다고 할 수 있겠다.

둘째, 석존의 前生譚을 기록한 本生譚(jātaka)을 들을 수 있다. 漢譯經典으로는 『六度集經』, 『生經』, 『本生經』, 『菩薩本緣經』 등에 수록이 되어있다.

셋째는 各種의 譬喩經을 들 수 있다. 譬喩라고 하는 단어는 實例, 例證을 뜻하고 있으나 인도에서는 아바다나(avadana)라고 하는데 고전인 산스크리트語에서의 어의는 '용감한 행위', '빛나는 위업' 이라고도 하는데 이는 우리는 보통 譬喩로써 이해하고 있다. 三藏中 散說되어 진 비유담은 『法華經』의 七喩를 비롯하여 法句經, 百喩經 등 많은 經典들이 있다.

以上에서 佛傳文學의 內容을 三分類해 보았으나 佛說의 12分類에 의한 分類法도 있고 『佛典』 전체를 文學書로 하려는 見解가 있기도 하다.

二. 佛傳文學으로서의 Jātaka(本生譚)

1. jātaka의 의의와 형식

자타카는 釋尊의 前生譚을 뜻하며 現在까지 傳해지고 있는 것으로는 Pāri語로 쓰여 진 22편 547種의 이야기가 南方上座部系統에 의해서 전해진 것이라 한다.

그러나 jātaka의 成立年度를 명확하게 文獻上으로는 알 수 없는 것이 안타깝지만 다행스럽게도 B.C 2세기 중엽에서 B.C 30세기에 걸쳐서 조성되었다고 하는 中印度의 Bharhut 古塔에 자타카를 內容으로 하는 조각이 있어서 그 성립 年代를 적어도 B.C 2세기 중엽 이전으로 추정한다.

大乘 經典들이 『如是我聞』으로 시작해서 환희봉행으로 끝나는 구성을 하고 있듯이 자타카도 역시 同一한 형식을 지니고 있는데 <現在事의 展開> - <過去事의 展開> - <現在事와 過去事의 연결>로 이어진다. 여기서 文學의 寶庫가 되는 곳은 둘째 패턴인 과거사의 전개과정에서 찾을 수 있다. 현재사의 展開는 釋尊이 어떤 기회에 이 前生談을 이야기했던가, 즉 어떤 장소에서 修行者인 弟子들에게 말씀하셨다는 部分을 뜻하며, 과거사의 전개에서는 본생담의 本質的인 부분의 기록이다. 동식물의 의인화를 通한 해학과 유머, 뛰어난 지혜로움 등이 내포된 여러 가지의 설화가 전개되어진다.

과거사와 현재사의 연결에서는 결론부라고 할 수 있는데 그 매듭짓는 방법이 同一한 것을 볼 수 있다. 이는 大乘의 諸經典이 序分, 正宗分, 流通分으로 三分되어 있음과 흡사하다고 할 수있다.

2. 說話文學의 始源으로서 Jātaka

고대설화의 기본구조는 대개 異物交接譚 또는 夜來者型說話라고 하고 있다. 즉 고대설화에 있어서 創業의 主人公들은 영웅시되어졌고 그러한 영웅들은 탄생부터가 평범치를 못했다.

중인도의 古塔에 새겨진 조각 중에는 新異한 탄생을 했던 『一角仙人』의 說話가 있는데 이 설화에 注目을 하지 않을 수가 없다. 이 설화는 자타카526과 자타카523, 그리고 漢譯經典 『佛本行集經』, 『大智度論』 17卷에 수록 되어 이미 널리 알려진 설화이기도 하다. 그밖에도 자타카의 內容에는 설화문학의 근원을 살 릴 수 있는 부분들이 너무나도 많은 것을 볼 수 있다.

달 속에 토끼의 모습이 새겨지게 된 원인, 馬頭觀音의 시초, 사슴이 곡식을 먹지 않는 이유, 까마귀나 까치들에게 밥을 주는 까닭, 고기를 저장해서 먹는 방법 등등의 세시와 풍속에 관계된 說話들이 수록되어 있고, 또한 우화의 아버지라고 일컫는 이솝우화에까지 영향을 미쳤다고 하는 우화적인 요소도 상당한 부분을 점하고 있다. 어쨌든 자타카는 佛敎文學을 대표하는 無盡藏의 寶庫임에 틀림이 없으며 그 내용으로는 說話文學은 물론 산문문학과 운문문학을 모두 포함하고 있는 文學書라고도 할 수 있다.

三. 本生經의 종류

本生과 譬喩를 모은 『佛典』은 巴利語, 산스크리트語, 漢譯, 티베트譯 等等 상당수가 있는데 本生談과 譬喩를 수록한 經典을 열거해보면 대략 다음과 같다.

- CariyaPitaka(略 PTS) : 35종의 자타카가 수록되어 있으며 十波羅密中心, 漢譯經典으로는 南傳卷41에 수록되어 있다.
- 巴利經典 자타카 : 22장 547種이 수록되어 있으며 이의 註譯本이 있다.
- SK · Jātakamālā : 이는 『菩薩本生』論』이라 漢譯되었으며 梵文의

(나)級 認可) 週 刊 佛 教 佛紀 2530年 (西紀

趙明烈교수 佛教를위한 文學발표 요지

文學으로서의「佛典說話」

佛教文學의 백미「佛所行讚」 자타카는 세계文學에 영향줘

一、「佛典」의 文學的分類

「佛典」이란 釋尊의 說法內容을 文字化한「佛教經典」의 준말이다。이미 周知되어진 것처럼 釋尊의 說法內容을 八萬四阡의 法門이라고하고 그方法을「對機說法」또는「隨機應變」이라고 表現하는데에는 그에 따르는 필요 충분한 까닭이 있기때문이었다고 사료되어진다。

「佛典」의 內容들은 대개 세가지 종류로 구분을 하고 있다。

첫째 紀傳類의 文學이다。

이는 釋尊을 비롯한그의 弟子들의 傳記라고할수 있다。그러나 이것들을 歷史的資料로서 認定하기에는 조금 무리가따르기 때문에 편의상紀傳類라고 칭한다。이紀傳類는 다시 三分할수가 있는데 佛傳、佛弟子傳、佛外禮者傳으로 구분하고 있다。

以上의 紀傳類中에서는 馬鳴菩薩이 썼다고 하는「佛所行讚」은 가히 佛教文學의 백미라 할수 있을만큼 文章이나 구성이 뛰어나다고 할 수있겠다。

둘째 釋尊의 前生譚을 기록한 本生譚(Jataka)을 들수있다。漢譯經典으로는「六度集經」「生經」「本生經」「菩薩本緣經」等에 수록이 되어있다。

셋째는 各種의 譬喩經을 들수 있다。譬喩라고하는 단어는 實例、例證을 뜻하고 있으나 印度에서는 아바다나(av-adana)라고 한는데 古典인 싼쓰크릿트어에서의 語意는「용감한행위」「빛나는 위업」이라고도 하는데 우리는 보통 譬喩로써 이해하고 있다。三藏中 散說되어진 비유담은 法華經의 七喩를 비롯하여 法句經、百喩經등 많은 經典들이 있다。

以上에서 佛傳文學의內容을 三分類해 보았으나 佛說의 12分類에 의한分類法도 있고「佛典」전체를 文學書로 하려는 見解가 있기도 하다。

二、佛傳文學으로서의 Jataka(本生譚)

1、Jataka의 의의와 형식

자타카는 釋尊의 前生譚을 뜻하며 現在까지 傳해지고 있는 것으로는 Pāri語로 쓰여진 22편 547種의 이야기가 南方上座部系統에 의해서전해진 것이라한다。

그러나 Jataka의 作成年代를 명확하게 文獻上으로는 알수 없는것이 안타깝지만 다행스럽게도 B·C 2세기중엽에서 B·C 30세기에 걸쳐서 조성되었다고 한는 中印度의 Bharhut 古塔에 자타카를 內容으로 한는 조각이 있어서 그 年代를 적어도 B·C 2세기중엽 이전으로 추정을 할 수가 있게 되었다。

大乘의 經典들이「如是我聞」으로 시작해서 환희봉행으로 끝나는것 같은 구성을 하고 있듯이 자타카는 역시 同一한형식을 지니고 있는데〈現在事의 展開〉—〈過去事의 展開〉—〈現在事와過去事의 연결〉로 이어진다。여기서 文學의 寶庫가 되는곳이 둘째 패턴인 과거사의 전개과정이된다。현재사의 展開는釋尊이 어떤 기회에 이前生談을 이야기했던가 즉어떤장소에서 修行僧인弟子 누구에게 말씀하셨다는 部分을 뜻하며 과거사의 전개에서는 본생담의 本質的인 부분의 기록이다。동식물의 의인화를 通한 해학과 유머、뛰어난 지혜로움등이 내포된 여러가지의 설화가 전개되어진다。

과거사와 현재사의 연결에서는 결론부라고 할수 있는데 그 매듭짓는 方法이 同一한 것을 볼수 있다。이는 大乘의諸經典이 序分、正宗分、流通分으로 三分되어 있음과 흡사하다고 할 수있다。

2、說話文學의 始源으로서 Jataka

우리는 고대설화의 기본구조를 대개 異物交接譚 또는 夜來者型說話라고 하고 있다。即 고대설화에 있어서 創業의主人公들은 영웅시 되어졌고 그러한 영웅들은 탄생부터가 평범치를 못했다。

중인도의 古塔에 새겨진 조각중에는 神異한탄생을 했던「一角仙人」의 說話가 있는데 이 설화에 注目을 하지 않을수가 없다。이 설화는 자타카 526과 자타카 523、그리고 漢譯經典「佛本行集經」「大智度論」17卷에 수록이 되어있는 이미 널리 알려진 설화이기도 하다。

◇趙明烈교수

그밖에도 자타카의 內容에는 설화문학의 근원을 추구하도록 의구심을 자아내는부분들이 너무나도 많은것을 볼 수 있다。

예를들면 달속에 토끼의 모습이 새겨지게된원인、馬頭觀音의 시초、사슴이 곡식을 먹지않는이유、까마귀나 까치들에게 밥을주는 까닭、고기를저장해서 먹는 방법、등등의 세시와 풍속에 관계된 說話들이 흥미를 끌고 있는가 하면、또한우화의 할아버지라고 일컫는 이솝우화에까지 영향을 미쳤다고하는 우화적인 요소도 상당한 부분을 점하고 있다。어쨌든 자타카는 佛教文學을 대표하는 無盡藏의 寶庫임에 틀림이 없으며 그내용으로는 說話文學은 물론 산문문학과 운문문학을 모두 포함하고 있는 文學書라고도 할 수 있다。

三、本生譚의 종류

本生과 譬喩를 모은「佛典」은 巴利語、싼쓰크릿트語、漢譯、티벳트譯等等 상당수가 있는데 本生談과 譬喩를 수록한 經典을 열거해보면 대략 다음과 같다。

·CariyaPitaka(略 PTS):35種의 자타카가 수록되어 있으며 十波羅密中心、漢譯經典으로는南傳卷41에 수록되어 있다。

·巴利經典 자타카:22장 547種이 수록되어 있으며 이의 註釋本이 있다。

·SK·Jatakamala:이는「菩薩本生鬘論」이라 漢譯되었으며 梵文의 34本生이 수록되어 있다。

·六度集經:이는 六度를 배경으로하여 大乘의 보살행을 강조하고 있기때문에 巴利語經典과는同一치 않으며 91종의 본생담이 수록되어 있다。

·興起行經:說一切有部的인 사상을 배경으로 하고 있으며 釋尊의 十難을 숙연으로 설명하는입장을 취하고 있다。

이밖에도「보살본연경」「撰集百緣經」「菩薩本行經」「賢愚經」「雜寶藏經」等이 있으나 구체적인설명은 약하기로 한다。

맺음말

「佛典」전체를 문학서로써 볼수도 있겠으나자타카를 佛典文學의 寶庫로써 주목을 하고 特히 說話文學의 시원을 찾는데 우선 그 기본구조에서부터 추구하려했으며、뿐만아니라 자타카가 文學一般에 지대한 영향을 미쳤을 가능성을 시도해보려고 했었다。물론 자타카는 印度의 古代說話를 윤색했음을 감안하고 있으나 그러나 자타카가 世界文學에 영향을 끼쳤다함은 佛法의 傳來를自的으로써 편승되어졌기때문입도 잊어서는 안된다。그러므로「佛典」은 文學의 한 패턴으로써도 硏究할 가능성을 무한하게 포함하고 있는 것이다。

(지난15일발표)

<동국대강사>

34本生이 수록되어 있다.

- 六度集經 : 이는 六度를 배경으로 하여 大乘의 보살행을 강조하고 있기 때문에 巴利語經典과 同一치 않으며 91종의 본생담이 수록되어 있다.
- 興起行經 : 說一切有部的인 사상을 배경으로 하고 있으며 釋尊의 十難을 숙연으로 설명하는 입장을 취하고 있다.

이밖에도 『보살본연경』, 『選集百緣經』, 『菩薩本行經』, 『賢愚經』, 『雜寶藏經』 等 한역 경전이 있으나 구체적인 설명은 약하기로 한다.

맺음말

『佛典』 전체를 문학이라고 규정한 선행 연구가 있는데 특히 자타카는 佛典文學의 寶庫로써 주목을 하고 特히 說話文學의 시원이라고 할 수 있다. 자타카는 文學一般에 지대한 영향을 미쳤을 것으로 생각한단. 물론 자타카는 印度의 古代說話를 윤색했음을 감안하고 있으나 그러나 자타카가 世界文學에 영향을 끼쳤다함은 佛敎의 傳來를 통해서 각국으로 전해진 佛典을 통해서 유포된 결과의 산물이라고 할 수 있다.

그러므로 『佛典』은 文學의 한 패턴으로써도 研究할 가능성을 무한하게 포함하고 있는 것이다.

『주간불교』 1896. 8. 31.

인터뷰 불교文學觀연구

89년 불교관계 박사논문으로 조명렬씨(아동문학가)가 「한국 古時歌의 불교문학적 연구」로 2월 22일 京都 佛教大學서 문학박사학위를 받았음이 뒤늦게 밝혀졌다. 삼국시대의 향가로부터 시작해 고려시대 禪僧의 禪時에 이르기까지 고대시가에 있어 불교가 미친 영향을 고찰한 조명렬씨의 이번 논문은 불교가 한국문학사에 어떤 위치를 점하는가 알려줄 계기로 기대된다.

"佛心을 표현한 문학 나아가 경전도 넓게는 불교문학으로 볼 수 있을 것"이란 조명렬씨는 "향가 · 선시의 불교적 성격을 고찰해 한국고시가 의례에는 불교가 절대적 영향을 끼쳤음을 알 수 있었다"고 밝혔다.

조명렬씨는 "앞으로 佛典속에 있는 동화적 요소를 발굴해 내 불교을 쉽게 이해하도록 하는 佛典의 재창작 시도에 심혈을 기울일 예정"이라고 한다.

『주간불교』 인터뷰, 1989. 3. 1.

불교文學觀연구

"佛典 재창작 시도할터"

89년 불교관계 박사논문으로 조명렬씨(아동문학가)가「한국 古詩歌에 있어 불교문학적 연구」로 2월 22일 京都 佛教大學서 문학박사학위를 받았음이 뒤늦게 밝혀졌다.

京都 佛教大學서
박사 학위 받은

조명렬씨

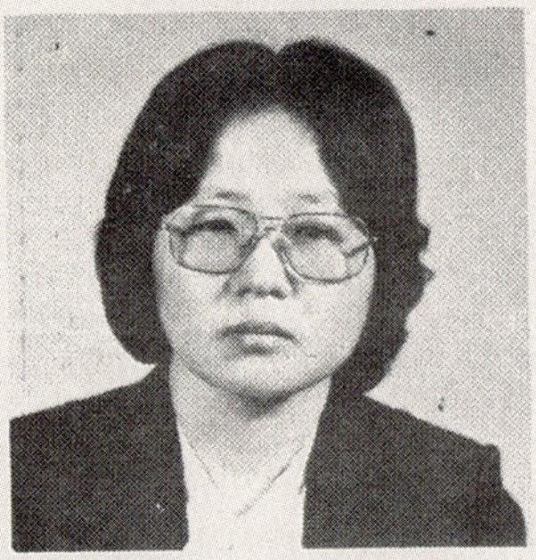

인터뷰

삼국시대의 향가로부터 시작해 고려시대 禪僧의 禪詩에 이르기까지 고대 시가에 있어 불교가 미친 영향을 고찰한 조명렬씨의 이번 논문은 불교가 한국문학사에서 어떤 위치를 점하는가 알려줄 계기로 기대된다.

『佛心을 표현한 문학나아가 경전도 넓게는 불교문학으로 볼 수 있을 것』이란 조명렬씨는『향가·선시의 불교적 성격을 고찰해 한국고시가의 례에는 불교가 절대적영향을 끼쳤음을 알 수 있었다』고 밝혔다.

조명렬씨는『앞으로 佛典속에 있는 동화적 요소를 발굴해 내 불교를 쉽게 이해하도록 하는 佛典의 재창작 시도에 심혈을 기울일 예정』이라고. <영>

蓄積된 因緣의 거울

老人들은 한결같이 지나간 옛 이야기를 즐겨 하신다. 우리 할머니도 그러셨고, 외할머님도 그러셨던 기억이 아직도 선연하다.

할머님의 옛이야기에 귀 기울이지 않았던 기억도 새롭다. 그 까닭은 지나온 세월을 되돌리는 것은 헛되이 시간을 낭비하는 일이고, 非生産的인 것이며, 지나간 세월에 매달리는 것은 인생에 있어서 退步하는 시간일 뿐이라고 마음속으로 생각하고 있었기 때문이었다.

그러나 요즈음 내 마음속에서 퇴보며 비생산적이라고 믿었던 내 할머님의 한 모습을 發見하고 오히려 편안해지는 意識이 싹터 있음을 느끼게 된다.

나이가 들면 옷 사이즈도 나이만큼 크게 입게 된다던 옛 어른들의 말씀에 실감하면서 과학적이고 실험적인 과정을 거친 結果만을 가장 옳다고 믿으려했었던 어리석음에 조용히 머리를 숙인다.

내 마음속의 할머니 모습

복잡한 도시의 흐름에서 행여나 밀려나지 않으려고 숨 가쁜 긴장과 서두름에 리듬을 맞추면서 얼마나 앞만을 바라보면서 살아온 어제였던가.

파란불만 켜지면 앞을 다투어서 기어를 변속시키고 페달을 밟았던 어제의 경주가 때로는 씁쓸한 웃음으로 표현되어질 때, 할머니 모습이 아련히 떠오른다.

민주화의 기치아래서 격앙된 격동의 세월을 국내외적으로 겪었던 이 가을이 결코 무의미하지는 않으련만 왠지 내 안에 자리한 할머님의 모습은 어제보다는 지난날에 더욱더 깊은 애정을 느끼게만 해주는 것 같다. 지난겨울 걸프전쟁의 발발은 온 세계의 지대한 관심사였다. 地球儀을 돌리면서 이라크와 쿠웨이트를 찾아보면서 과연 지구촌시대임을 직감했었다. 정치와 경제에는 아는 바가 없으나 그래도 그 당시 우리 눈앞의 걱정은 석유에 대한 것이었다. 1973년 석유파동이 생생한 현실로 다가왔었다. 더욱 이는 파동이 아닌 전쟁이었기에 모두가 나름대로의 절약할 것을 계획하면서 오직 절약만이 최우선이라고 하는 이야기에 공통점을 찾았을 때 어떤 자신감이 용솟음치는 듯 했다.

어린 시절 전기의 혜택을 받을 수 없는 농촌에서 우리는 밤이면 호롱불 밝혀놓고 책을 읽었고, 어머니는 길쌈을 하셨던 기억이 짙게 떠올랐다. 장이 서는 날, 석유 한 초롱 달아다 놓으면 겨울 삼동을 호롱불 밝힌 아래서 밤 깊도록 오손도손 이야기도 했고, 밤늦게 돌아오시는 아버지 마중 나갈 때도 유리등 안에 호롱불 켜 들고 서낭당까지도 자주

【 3 】 <第250號> (第3種 郵便物(나)級 認可)

老人들은 한결같이 지나간 옛이야기를 즐겨 하신다. 우리 할머니도 그러셨고, 외할머니도 그러셨던 기억이 아직도 선명하다.

할머니의 지나온 옛이야기에 귀 기울이지 않았던 기억도 새롭다. 그 까닭은 지나온 세월을 되돌리는 것은 현실이 시간을 낭비하는 일이고, 비생산적인 것이며, 지나간 세월에 매달리는 것은 人生에 있어서 退步하는 時間일 뿐이라고 마음속으로 생각하고 있었기 때문이었다.

그러나 요즈음의 내 마음속에는 退步이며 非生産的이라고 믿었던 내 할머니의 한 모습을 發見하고 한편은 놀랍고 한편은 肯定的인 느낌에 오히려 편안해지는 意識이 싹터 있음을 느끼게 된다.

나이가 들면 옷의 크기도 나이만큼 크게 입게 된다던 옛 어른들의 말씀에 實感하면서 科學的이고 合理的인 과정을 거친 結果만을 가장 옳다고 믿어 오던 어리석음에 조용히 머리를 숙인다.

내 마음속의 할머니 모습

複雜한 都市의 흐름에서 헤어나도 밀려나지 않으려고 숨가쁜 긴장과 서두름에 리듬을 맞추면서 얼마나 앞만을 바라보면서 살아온 어제 였던가.

파란불만 켜지면 앞을 다투어서 기어를 변속시키고 페달을 밟았던 어제의 경주가 때로는 쓸쓸한 웃음으로 表現되어질 때도 할머니의 모습은 내 마음속에 아련히 떠오른다.

世間과 出世間 사이

趙 明 烈

蓄積된 因緣의 거울

민주화의 기치아래서 격앙된 격동의 세월을 國內外的으로 겪었던 이 가을이 결코 무의미하지는 않으련만 웬지 내 안에 자리한 할머니의 모습은 어제보다는 지난날에 더욱더 깊은 애정을 느끼게만 해주는 것 같다. 지난 겨울 걸프전쟁의 勃發은 온 세계의 지대한 관심사였다. 地球儀를 돌리면서 이라크와 쿠웨이트를 찾아보면서 과연 地球村時代임을 직감했었다. 政治와 經濟에는 아는바가 없어도 그래도 그다지 우리 生活의 걱정은 석유에 대한 것이었다. 1973년 油類파동이 생생한 현실로 다가왔었다. 더욱 이는 파동이 아닌 전쟁이었기에 모두가 나름대로의 節約할 것을 계획하면서 오직 節約만이 최우선이라고하는 이야기의 共通性을 찾았을때 어떤 自負感이 용솟음치는듯 했다.

어린시절 電氣의 혜택을 받을수 없는 農家에서 우리는 밤이면 호롱불을 밝혀놓고 책을 읽었고, 어머니는 길쌈을 하셨던 記憶이 짙게 떠올랐다. 장이 선날 석유 한초롱 달아다 놓으면 겨울 三冬을 호롱불 밝힌 아래서 밤 깊도록 오손도손 이야기도 했고, 밤늦게 돌아오시는 아버지 마중나갈때도 유리등 안에 호롱불 켜 들고 서낭당까지도 자주 다녔었다. 어쩌다가 양초가 생겨서 양초에 불 밝힌 저녁은 명절처럼 기분이 밝았다. 호롱불의 심지를 돋우어가며 밤새워 책을 읽으면 할머니는 주무시다가 일어나서 『그만 자거라 서우 [illegible] 하셨던 그 시절을 생각하면 아무리 오늘의 편리한 生活에 익숙해졌고 日常生活에 젖어 버렸다해도 지나온 세월로 돌아갈 수 밖에 없는 절박한 상황이라면 어렵지 않게 적응할수 있으리라는 자신이 있었다.

허리띠를 조이던 시절을 살아온 지난 世代의 [illegible] 오늘을 극복해 나갈는 自負心을 북돋아준다고 생각하니 내 意識에 자리한 할머니의 모습에 연민의 정을 느끼게 되어진다.

호롱불이 있었던 시절

어느덧 스산한 가을 바람이 코끝을 시리게하고, 낙엽 떨구는 나무위로 높아진 창공을 바라보면서 우리들세대의 어린시절을 回想하게 된다.

나이가 들면 지나간 歲月에 執着한다고 한다. 그중에 나도 예외는 아닌듯 싶다. 친구들도 마찬가지이다. 對話의 상당량이 흘러간 옛이야기에 時間을 뺏고 만다.

아침저녁으로 아이들과 얼굴을 마주 할때면 나도 모르게 「너 어렸을 때…」 혹은 「옛날에…」로 시작하는 내 이야기를 아이들도 지난날 내가 그랬듯이 귀담아 들으려 하지 않는다.

달밝은 가을밤에 호롱불켜서 마루에 걸고 삶은 옥수수와 고구마를 대소쿠리에 가득 담아놓고 둘러 앉아서 할머니는 또 옛이야기를 계속하시고, 언니가 들리는 자장가 소리와 귀뚜라미 소리가 한결 가을정취를 맞춘다. 사랑채 지붕위로 올라간 박넝쿨에 하얀 박꽃이 푸르게 빛나고 덩실 큰 박이 여무는 가을밤의 정경이 새롭게 仙境의 仙女이로 마음속에 자리하고 있음을 느낀다.

잘 여문 박을 따서 반을 톱으로 잘라 걸은솥에 넣고 삶아내서 주걱주걱 바가지를 만들어 겹어놓고 한해동안 사용한다. 하얀 박속을 긁어서 큰솥 가득 담아서 박속찌개를 하면 며칠을 두고 먹었다. 담백한 맛이 일품이어서 무척 즐겨했었는데 지금은 고향에서도 잊혀져가는 음식이 되었다고 한다.

모든것은 제 자리에 있어야 제 값을 다 한다고 생각해 왔다. 제 자리에 놓여있지않은것처럼 불편하고 어색한것은 없다. 플라스틱 바가지에 밀려난 바 바가지에서도 할머니의 모습이 떠오른다.

어릴적 가을의 추억

이번 가을에는 벌써부터 유난히 소란스럽다. 매일 큰소리로 들려오는 소리는 『과소비, 과소비, 과소비…』이다. 온 국민이 과소비속에서 흥청망청하는 인상이다. 그러나 친지 친구들을 만나보면 모두가 한결같이 아끼고 節約하는 사람들인 것을.

亡國病에 理性을 잃은 사람들도 우리의 한울아래 살고있는 것일까. 부처님의 가르침을 나름대로 두가지로 要約해서 理解하고 내 生活의 指標로 삼아왔다. 그것은 存在的意義는 平等이고 生活哲學的 의미는 共存이라고 믿어왔다. 平等이란 모두가 제자리에서 제 몫을 해야하는 것이고, 共存은 혼자서 살수없다는 뜻으로 이해하고 있다. 平等의 극치는 調和의 美로써 表現되고, 共存意識의 現實的인 對應은 同體大悲의 폭넓은 人間愛가 넘쳐흘러야 한다고 믿고있다. 平等原理는 自己분수의 體認으로부터 깨닫게 되고, 共存의 原理는 여유있는 마음가짐에서 시작된다고 본다. 여유있는 태도는 앞만 보지 않고, 경쟁하지 않고, 利己的이지 않을 것이다. 반성할 줄 알고 양보할 수 있고, 이웃을 먼저 생각할 수 있는 마음일 것이다.

지나온 세월을 즐겨 이야기하셨던 할머니의 모습이 결코 낙오자의 길이 아니었는데 이렇게 落陽을 보는 안타까움으로 할머니의 모습을 느끼게 되는 것일까.

<중앙승가大 교수>

다녔었다. 어쩌다가 양초가 생겨서 양초에 불 밝힌 저녁은 명절처럼 기분이 밝았다. 호롱불의 심지를 돋구어가며 밤새워 책을 읽으면 할머님은 주무시다가 일어나서 '그만 자거라, 석유 닳는다.'를 입버릇처럼 하셨던 그 시절을 생각하면, 아무리 오늘의 편리한 생활에 익숙해졌고 日常性에 깊이 빠져버렸다 해도 지나온 세월로 돌아갈 수밖에 없는 절박한 상황이라면 어렵지 않게 적응할 수 있으리라는 자신이 있었다.

허리띠를 조르던 시절을 살아온 지난 세월의 밑거름이 오늘을 극복해 내려는 자신감을 북돋아준다고 생각하니 내 의식에 자리한 할머님의 모습에 연민의 정을 느끼게 되어진다.

호롱불이 있었던 시절

어느덧 스산한 가을바람이 코끝을 시리게 하고, 낙엽 떨어뜨린 나무가지사이로 높아진 창공을 바라보면서 우리들 세대의 어린 시절을 회상하게 된다.

나이가 들면 지나간 세월에 집착한다고 한다. 나도 예외는 아닌 듯싶다. 친구들도 마찬가지이다. 대화의 상당량이 흘러간 옛이야기에 시간을 묻고 만다.

아침저녁으로 아이들과 얼굴을 마주할 때면 나도 모르게 '내 어렸을 때…' 혹은 '옛날에…'로 시작하는 내 이야기를 아이들도 지난날 내가 그랬듯이 귀담아 들으려 하지 않는다. 달밝은 가을밤에 호롱불 켜서 마루에 걸고 삶은 옥수수와 고구마를 대소쿠리에 가득 담아놓고 둘러 앉아서 할머님은 또 옛 이야기를 계속 하시고, 언니가 돌리는 재봉틀 소리와 귀뚜라미 소리가 한결 가을장단을 맞춘다. 사랑채 지붕위로 올라간 박 넝쿨에 하얀 박꽃이 푸르게 빛나고 덩실 큰 박이 여무는 가을밤의 정경이 새롭게 仙境으로 마음속에 자리하고 있음을 느낀다.

잘 여문 박을 따서 반을 톱으로 잘라 가마솥에 넣고 삶아내서 주렁주렁 바가지를 만들어 걸어놓고 한 해 동안 사용한다. 하얀 박 속을 긁어서 가마솥 가득 담아서 박속찌게를 하면 며칠을 두고 먹었다. 담백한 맛이 일품이어서 무척 즐겨했었는데 지금은 고향에서도 잊혀져가는 음식이 되었다고 한다.

모든 것은 제 자리에 있어야 제 값을 다 한다고 생각해 왔다. 제 자리에 놓여있지 않은 것처럼 볼품없고 어색한 것은 없다. 플라스틱 바가지에 밀려난 박 바가지에서도 할머님의 모습이 떠오른다.

어릴 적 가을의 축억

금년 가을에는 벽두부터 유난히 소란스럽다. 매일 큰소리로 들려오는 소리는 '과소비, 과소비, 과소비…' 이다. 온 국민이 과소비속에서 흥청망청하는 인상이다. 그러나 친지 친구들을 만나보면 모두가 한결같이 아끼고 절약하는 사람들인 것을.

망국병에 이성을 잃은 사람들도 우리의 하늘아래 살고 있는 것일까.

부처님의 가르침을 나름대로 두 가지로 요약해서 이해하고 내 생활철학으로 삼아왔다. 그것은 *存在的意義*는 平等이고 生活哲學的 의미는

共存이라고 믿어왔다. 평등이란 모두가 제자리에서 제 몫을 해야 한다는 것이고, 공존은 혼자서 살수 없다는 뜻으로 이해하고 있다. 평등의 극치는 조화의 미로써 표현되고, 공존의 현실적인 대응은 同體大悲의 폭넓은 人間愛가 넘쳐흘러야 한다고 믿고 있다. 평등 즉 자기분수의 원리는 여유 있는 마음가짐에서 시작된다고 본다. 여유 있는 태도는 앞만 보지 않고, 경쟁하지 않고, 이기적이지 않는 반성할 줄 알고 양보할 수 있는 마음일 것이다.

지나온 세월을 줄곧 이야기하셨던 할머님의 모습이 결코 낙오자의 길이 아니었음을 조금 알게 된 것 같다.

『주간불교』 世間과 出世間사이, 불기 2535. 10. 29.(1991)

보살도 빛나는 석가모니 前生譚

「本生經」은 佛敎와 民衆의 사이를 돈독히 엮어준 경으로서 높은 평가를 받아야 한다고 생각한다. 왜냐면 「本生經」 속에 실려 있는 이야기들은 일반화되어진 옛이야기로써 알게 모르게 많은 사람들의 가슴 속에서 함께 호흡하는 것들이 많이 있기 때문이다. 이렇게 일반화되어진 옛이야기들은 불교라고 하는 종교적 범위를 벗어나서 오히려 문학의 한 장르로 굳어 버린 부분도 없지는 않기 때문이다. 그것은 문학뿐이 아니고 불교의 조형예술부분에 기여한 점도 역시 곁들여서 평가를 해야 한다고 생각한다. 그만큼 본생경의 내용이 문학화, 민중화 내지는 조형예술화 되기까지는 일차적으로 불교 포교에 의미부여를 하게끔 되어 있으나, 본생경속의 설화의 일부는 불교라는 매체와는 무관하게 민중화되어진 설화도 적지는 않다. 이러저러한 상황들을 미루어 생각해 볼 때 본생경은 불교와 민중 사이를 종교적으로 문학적, 예술적으로 깊이 연결해 준 경전으로써 평가되어질 수밖에 없다고 생각한다.

「本生經」은 「本生譚」이라고도 하는데 이는 부처님의 전생이야기만을 뜻한다. 부처님의 전생이란 석가모니불께서 부처님이 되시기 이전에 여러 生을 忍苦하는 보살로써 수행하셨다는 수행담인 것이다. 그 수행의 주체인 보살은 어느 때는 인간으로 몸으로 태어나고, 국왕에서부터 상인, 도둑에 이르기까지 온갖 형상의 육신을 받아서 인고의 수행과 덕행을 쌓는다. 또는 토끼, 원숭이 등등의 동물의 몸으로 태어나서 선행과 덕행으로 수행 전생하여 드디어 석존이 된 내용들을 모은 것이다. 오랜 전생을 통해서 인고한 보살의 수행은 결국 불과를 이룬 내용을 수록한 본생경이 시사하는 것은 불교의 가르침인 善因善果 惡因惡果라고 하는 因果應報의 업 사상과 윤회전생의 사상이 본생경의 가르침이라고 할 수 있다.

語義에 대해서

「本生經」 혹은 「本生譚」이란 명칭은 漢譯된 것이다. 원래 빠리語와 산스크리트語에서 두 언어가 같이 자타카(jātaka)였는데 그것을 한역에서 본생경, 본생담이라 했다. 마누법전에 나타난 「자타카」의 뜻은 '태어나다', '태어난 자'의 뜻이었으나 그런저런 상황에서 '태어난 그때의 일'이란 의미로 나타나 있으나, 불교에서는 자타카는 釋尊의 前生이야기만을 「자타카」라고 한다. 즉 석존의 제자들이나 신앙심이 돈독했던 신도들의 전생담은 자타카라고 하지 않고 '아바다나'(梵語 · avadana, 파리어 apadana)라 했는데 漢譯에서는 '본연', '비유'라고 했다.

위와 같이 「자타카」는 釋尊이 깨달음을 얻기까지 오랜 세월을 윤회전생하면서 天人에서 서민에 이르기까지 혹은 공작에서 물고기에 이르기까지 가지가지의 육신을 받아서 보살의 수행을 한 수행담을 「자타카」라고 했고, 그런 이야기를 모은 것은 「本行經類」라고 하는데 이러한 「本生經」은 漢譯 經典속에도 많이 찾을 수가 있으나 가장 대표적인 것으로 本生經, 즉 「자타카」를 들고 있으며 「자타카」로는 22장 547편의 이야기를 일컫고 있다.

기원과 寓話

인도에 있어서 古文獻의 발생연대의 추적이 어렵듯이 본생경(jātaka)의 성립연대는 정확하게 알 수 없다. 다만 보조적인 유물을 통해서 기원을 추정할 뿐이다. 그것은 현존하는 불교 유물 중에 최고인 中印度의 바루훗(Bharhut) 古塔에 본생경의 내용(鹿本生)의 彫刻과 刻文에 주목하게 되었다. 이 고탑의 설립 年代를 대체로 B.C. 3C～1C 初라고 보는 경향이 있고 그밖에도 싼치大塔과 마투라, 간다라지방의 조각 등에서도 本生經의 내용을 찾을 수 있는데 그러한 유물의 기원을 대체로 B.C.3세기～A.D.2, 3세기 경으로 보기 때문에 적어도 「자카타」의 기원은 B.C.3세기 이전으로 하고 있음이 일반적인 정설이다.

고대 인도에 있어서 베다(Veda) 문헌 특히 리그베다나 아쥬루베다에 담긴 풍유의 영향으로 우화가 발생했다고 하는 설이 있으나 B.C. 4세기

경 인도의 우화는 급격하게 불어났다고 한다. 특히 불교우화는 「마하바라다」, 「판짜탄트라」 등을 통해서 불교우화가 널리 퍼졌고, 유럽에도 전파되어서 이솝우화의 형성에 많은 도움을 주었다고 한다. 그것은 근세 이후 이솝우화의 기본으로 알려져 있는 책을 1480년 경에 훼벨(Stain höwel)이 라틴語와 독일 語로 쓴 「The fables of Aesop」인데 이 훼벨의 이솝우화는 물론 이전에 있었던 이솝우화의 구성요소들을 살펴보아도 동양적인 색체와 「자타카」에 수록된 내용이 발견되고 또 이솝우화에 자타카가 영향을 끼친바가 있다고 하는 구체적인 사실은 이미 밝혀진 바가 있다.

자타카에서 우화의 주인공이 동물로 등장하고 있음은 공통적이라고 할 수 있는데 그러한 동물등장의 배경은 인도에 있었던 윤회전생의 사상에 기인한 것이 아닌가 생각되어진다. 윤회전생의 의미는 인간과 동물과 식물과의 관계에 이르기까지 영혼의 존재와 생명의 가치를 인정하게 되어졌고 그래서 우화의 형성이 가능해졌고 따라서 많은 우화를 생성시켰던 것이 아닐까 하는 생각을 한다.

자타카와 그 佛典

南傳장경에서 말하는 자타카는 빠리 小部經典에 있으며 전부 偈頌만으로 되어있다. 현재 우리들이 일반적으로 접하고 있는 자타카 547의 본생경은 게송의 의역인 산문이 첨가되어있는 것이다. 따라서 우리가 접하고 있는 자타카는 최초의 것이라 할 수 없다. 빠리語로 쓰여 진 본생경은 세일론(현 스리랑카)語로 구전되던 것을 다시 빠리語로 옮겼다고 하는 설이 있다.

547의 자타카는 22章으로 분류되어 있는데 장마다 게송의 숫자와 經의 번호가 기록되어 있다. 즉 一章에는 偈頌이 一個, 二章에는 2偈, 三章에는 3偈의 순으로 나가다가 13章부터는 게송의 숫자가 많아진다. 그러나 현재의 자타카는 원래의 것처럼 기계적인 분류로 되어 있지 않는데 그것은 구송자의 역할에 영향이 있었던 탓이 아닐까 생각되어진다. 또 자타카에서 주목되어지는 것은 각 설화에 각각의 제명이 붙어 있는데 그 제명만으로써 자타카의 의미를 파악하려고 하면 대단히 혼잡한 느낌을 갖게도 된다는 점이다. 또한 제명마다 「○○本生經」이라고 밝히고는 있으나 그 내용이 모두 석존의 전생담을 이야기하고 있지 않는 것도 많다는 것을 느끼게 된다. 어떤 이는 이를 비불교적이라고도 표현하고 있기도 하다.

자타카를 달리 해석하는 경우도 없지는 않으나 다른 입장을 정리하면 다음과 같다. 자타카는 단순한 과거생의 이야기이고, 불·보살의 전생이야기라고 하는 설은 「大智度論」, 「大乘阿毘達磨集論」, 「大乘阿毘達磨雜集論」, 「大乘涅槃經」, 「유가사지론」, 「顯揚聖教論」 등에서 찾을 수 있고, 九分教와의 관계에 있어서 자타카의 특징을 설명하고 있는데 그 내용은 九分教는 과거의 이야기이나 자타카는 항상 현재의 일을 계기로 해서 과거가 이야기 된다는 특징을 나타내는 것인데 이는 「成實論」과 「順正理論」에서 밝히고 있다.

빠리語의 자타카의 구성은 3단계로 되어 있는데 머리말은 現在世 이야기로써 석존이 어디서 어떤 인연을 계기해서 과거의 이야기를 이야기 하게 되는 가에 대한 이야기의 유래가 나타나고, 두 번째는 過去世의 이야기인데 여기서는 本生의 중요한 부분을 이야기하며 게송이 많이 나타나고 있다. 세 번째는 맺음말이라 해서 등장인물의 인과관계를 밝히고 있다.

漢譯의 「四分律」, 「五分律」, 「十通律」 등에는 많은 자타카 우화가 동물을 주인공으로 등장하고 있으나 中阿含 長阿含에는 비교적 인간에 관계되는 내용이 많고 우화적인 요소는 많지 않다.

대체로 대승불교의 전개(西紀前 1C 後半)와 더불어서 불교는 수기사상이 일어나고 있었는데 수기사상은 수기 받을 보살의 보리심을 강조하게 되는데 수기사상은 대 · 소승불전에 나타나고 있다. 또한 모든 불전문학에서도 자타카를 포함하고 있다.

불전문학은 석존 열반 후에 많이 나타나는 것이 석존의 기적이야기와 함께 자타카가 성립되었고 대승불교의 영향에 의해서 보살사상과 수기사상이 많은 불전문학이 나타나게 되고 부파불교시대에 들어오면 각각의 부파는 불타가 되는 것을 이상적으로 생각하는 강한 부파는 더욱더 많은 불전을 만들어냈다. 그 대표적인 것이 혼합범어로 쓰여 진 「大事」(Mahāvastu)이다. 이는 下化衆生 上求菩提의 대승적인 사상과 교리에 영향을 받았으며 大事에 나타난 자타카도 대승적인 것으로 간절한 구도정신이 약해졌다고 볼 수 있다. 한 가지 특징은 석존의 과거불은 물론 미래불의 전생담도 수록되어 있다는 점이다.

「大事」에 가까운 漢譯은 「佛本行集經(Jānāguta)」(隨門崛多譯)이다. 이는 부파의 이름을 밝히지 않고 그 당시에 존재했던 모든 부파(大衆部, 說一切有部, 飮光部, 法藏部, 化他部)의 불전과 고전을 참고했다고

기록하고 있기는 하지만 여기에 수록된 본생담은 대승적이고, 수기를 응용했고 미래불인 미륵불의 전생담 등이 수록되어 있다.

불전으로 알려진 「佛本行徑」은 모두 韻文으로써 뛰어난 문학작품으로 인정받고 있다. 자타카는 현재의 547이야기의 내용도 수록되어 있고 이외의 내용도 수록되어 있다. 「佛本行經」은 梵文本은 없으나 일명 「佛本行讚」이라고도 하는데 그것은 馬鳴의 「佛所行讚」과 같지 않을까 하는 뜻에서였으나 「佛所行讚」에는 자타카가 수록이 되어있지 않기 때문에 마명의 것과는 다르게 보고 있다.

또 다른 대승불전으로 「方廣大莊嚴經(Divākara)」(唐 · 地婆訶羅譯)

이 있는데 이 불전에도 자타카가 많이 수록되어 있으며 그 내용도 대승적이다.

카니시카王의 스승이었던 僧伽羅刹의 撰으로 알려진 「僧伽羅刹所集經」에는 16의 자타카가 수록이 되어 있다.

이상에서 원시불교경전에 수록된 자타카를 비롯하여 수기 佛典 또는 모든 불전에 자타카가 포함되어 있는 것을 살펴보았으나 다음에는 자타카만을 모은 불전에 대해서 고찰해 보기로 하겠다.

南傳 卷41에 있는 「所行藏」(Cariyapitaka)은 자타카를 10바라밀다로 배분해서 모은 것으로 전문이 운문으로 되어 있다.

「Jātakamālā」 이는 聖勇이란 사람의 작품으로 전해오고 있으며 경전은 아니다. 한역에서는 「보살본생말론」이 있으나 다르다. 梵文으로 된 것에는 34가지의 자타카가 있으나 漢譯의 내용과는 다르다.

「興起行論」(後漢, 康孟詳譯)는 「五百弟子自說本記經」의 끝에 본생과 「說一切有部毘奈那藥事」와 같으며 一切有部的이다.

「六度集經」(吳 · 姜僧會譯)에는 91가지의 이야기가 있는데 그중 4가지는 본래 經의 이야기가 아닌 것을 별도로 첨가했고 나머지에서는 서문과 자타카를 뺀 나머지 이야기를 六度로 배열한 내용의 經이다. 일종의 대승 보살행을 주장하고 있다고나 할까. 결국 「六度集經」은 자타카를 六度에 배분해서 集成하려는데 목적이 있었는지도 모른다.

「菩薩本緣經」(僧伽斯邪撰, 傳, 吳支謙譯) 보시와 계에 관한 자타카가 수록되어 있다. 자타카만이 아니고 비유 등이 수록된 경전이다.

本生談을 범어에서는 자타카라고 했었으나 이 자타카는 불교도들에 의해서 불교성전의 하나로써 신앙되고 전해져 왔으며 이를 중국에서는 本生經으로 漢譯했다. 자타카와 동시대 불전에는 「未曾有法」(기적이야기)과 本緣(Avadana)이 있었는데 이를 설법시에는 '비유'를 석존의 경우에는 자타카로 했었는데 그것이 현재 빠리경전에서 아바다나(Avadana)로 漢譯 本緣部中에는 「五百弟子自說本緣經」에 내용이 있고, 「撰集百緣經」에도 있는데 이들을 大正藏經에서는 「本緣經」에 넣고 있다.

「撰集百緣經」에는 자타카 수기 등등 여러 가지의 이야기들이 1백가지가 수록되어 있다.

「賢愚經」(梵名, Damamūka' Tib Tohoku) 出三藏記集에 의하면 慧覺威德이 간기국에 가서 들은 이야기 등을 수록했다고 한다.

「염보장」에는 121의 이야기 중 자타카는 33가지가 수록되어 있으며 대 · 소승 혼합으로 되어있다. 「大莊嚴論」에는 90화 중 북전의 자타카가 몇 가지 수록되어 있다.

文學과의 관계

자타카는 불전문학을 전개하는 중요한 역할을 했다. 부파불교시대에는 힘있는 부파에 의해서 불전문학을 일으키게 되었고 대승불교에 이르러서는 대승의 불전을 남겼고, 그러한 자타카의 내용들은 불교전래와 함께 널리 유포되어서 이솝을 비롯한 세계의 우화문학에 밑거름이 되었다고 하는 것은 이미 주지된 사실이다. 이러한 우화문학, 불전문학으로써의 가치도 높이 평가되어지고 있지만, 자타카의 설화성은 모든 설화문학에도 지대한 공헌을 하였음에 주목을 해야 한다고 생각한다. 이 설화성은 중국 · 일본 · 한국은 물론이고 불교가 전파되어진 곳에는 어디든지 설화문학에 많은 영향을 끼쳤다는 점이다. 이와 같은 관련성을 작품을 들어서 소개해보면 다음과 같다.

자타카 57 원왕본생(Vānarinda-Jātaka)과 자타카 208 猿本生, Jā342 애본생은 모두 다 동일한 모티브를 가졌고 또 한역경전 「불본행집경」(卷 31) 「육도집경」(卷 4)에서 찾을 수 있는 이야기는 우리의 삼국사기 「귀토설화」와 동일하다.

자타카 432의 악본생의 설화를 소개하면 다음과 같다.

어느 해안에 원숭이가 살고 있었다. 거기에는 과일이 많이 나는 섬이 있었는데 원숭이는 매일 그 섬으로 가서 과일을 따먹고 놀다가 늦게야 집으로 돌아오곤 했다. 마침 거기에는 악어 한 쌍이 살고 있었는데 어느 날 암컷악어가 원숭이를 보자마자 원숭이의 심장이 먹고 싶어졌다. 악어는 견딜 수 없어 남편에게 이야기 하고 만다. 악어는 원숭이를 꾀어서 과일이 더 많은 곳으로 안내해 주겠다고 꾀어서 원숭이를 등에 태우고 물속으로 가는 도중에 자초지종을 이야기한다. 그 이야기를 들은 원숭이는 묘한 생각을 해서 죽음을 모면한다. 자신은 심장이 무거워서 몸속에 넣고 다니지 않는데 꼭 필요하면 심장을 줄 테니 다시 돌아가자고 해서 원숭이는 죽음의 순간을 넘긴다는 이야기다.

이러한 Jātaka의 內容은 王子들의 敎育을 위해 만들어졌던 「빤짜탄트라」에서도 같은 내용을 싣고 있음을 발견할 수가 있다. 이야기의 內容은 모두가 비슷하지만 등장하는 동물들은 약간씩 다르게 나타나 있다. Jātaka를 수용한 「빤짜탄트라」는 페르시아語와 시리아語로 번역되었다고 하는데 이는 자타카가 유럽에 전해졌음을 의미하게 된다.

이렇게 원숭이의 심장(생간)에 관한 이야기는 우리의 판소리 「수궁가」 또는 귀토설화를 통해서 불교와 아무런 관련 없이 우리의 옛이야기로 자리 잡고 있다. 그래서 토끼는 영리한 동물로 평가를 내리고 있음도 여기에 근거를 하고 있음이 아닌가 생각한다.

자타카의 내용은 일본의 옛이야기는 물론이고 중국에서도 자연스럽게 민간설화의 근원으로 자리를 굳혀온 내용들이 많이 있고 그것은 문학적으로도 높은 평가를 받고 있다. 그러나 자타카는 단순히 문학적인 평가만이 아니라 현존하는 불교 최고의 유적에 남아있는 자타카를 소재로 한 조각이나 회화를 통해서 불교의 조형적인 모티브는 물론 불교미술의 발자취를 살필 수 있는 좋은 자료를 제공하고 있음도 사실이다. 역시 자타카는 불교와 민중을 이어주는 매개체였음에 틀림이 없다고 본다.

『불교신문』 經典탐구 〈6〉 本生經, 1991. 4. 22.(불기 2536년)

불전에 나타난 설화

1.

지난 4월 5일 국립국악원 우면당에서 전예주명창의 판소리 수궁가 완창이 있었다. 판소리 완창은 처음 접했는데 그것은 특별하게 수궁가에 관심이 있었기 때문이었다. 나의 수궁가에 대한 관심은 불전佛傳을 공부하면서부터 시작되었다.

선행된 불교문학의 연구문헌에서는 불교경전전체를 불교문학이라고 정의한 학자들을 있다. 불교경전을 비유문학, 인연문학, 본생문학, 불전佛傳문학, 구도문학, 명칭문학, 희곡문학, 찬영讚詠문학 등으로 분류하기도 한다. 불전佛傳문학은 전기류傳記類라고 해서 구체적 분류를 하는데 불전佛傳, 불제자전佛弟子傳, 불외호자전佛外護者傳으로 구분한다. 여기서 불전은 부처님의 종교성과 예술성을 집대성 한 전생담을 의미한다. 그것은 전생담, 본생담 본생경이란 경명으로 알려져 있다.

본생경(담)은 석가모니부처님께서 깨달음을 얻기까지 여러 생을 윤회전생하면서 인욕수행 했던 과정을 수록한 수행담이다. 그러한 인욕수행과정의 내용들은 많은 불자에게 깊은 감동과 가르침으로 큰 귀감이 되기 때문에 본생경을 중요하게 생각하는 것이다.

본생경의 주인공은 인욕수행자 혹은 인욕보살의 수행담이 기술되어있는데 그 내용과 구성소재들이 본생경의 폭을 넓혀주는 부분이 상당히 많다고 본다. 왜냐면 본생경은 부처님인격의 위대함의 이유 설명을 위한 전생수행담이고, 또 그 인적위대는 현세수행에 머물지 않고 과거생활로 귀의시키는 내용을 통해서 문학적인 시각을 조명해 볼 수 있다고 생각한다. 이미 선행된 연구문헌이 있고, 특히 본 글에서는 설화문학의 기원을 본생경에서 찾을 수 있음에 포인트를 두려고 한다.

원래 본생경(담)은 불전의 한역명이고, 빨리어나 범어원전에는 자타카(Jātaka)라고 한다. 그 어의語義는 대체로 "태어났을 때의 일" 또는 "이러이러한 상황에서 태어났을 때의 일"이란 뜻으로 전하는데 불교적 의미로는 "이 세상에 태어나기 전의 생의이야기"라고해서 부처님의 전생이야기로 전한다.

부처님이 석가족의 왕자로 태어나기 이전 여러 생을 인욕보살의 몸을 받아서 많은 공덕과 보시와 음덕을 쌓았다는 전생담의 내용은 잘 알고 있다.

자타카는 인도의 설화, 우화, 고대민담 등이 다수 인용되어있기 때문에 많은 관심을 갖게 하는 요소가 많다.

여기서 소개하려는 본생경의 원본은 자타카에 수록된 내용을 논하려고 한다. 자타카는 현재 완비된 것은 남방불교도가 일반에게 전승하고 있는 빨리어 경전 즉 테라바다에 전해진 삼장 중 소부의 22편 547종의 내용을 의미한다.

2.

자타카의 성립 년대에 대해서는 명확하게 밝혀진 문헌은 찾을 수 없으나 자타카의 내용을 소재로 한 조각을 통해서 추정하고 있을 뿐이다. 자타카를 소재의 조각은 싼치대탑, 중인도의 바르후트고탑, 남인도의 아마라바티, 북인도의 간다라지역, 서인도의 아잔타등과 그 밖에 중국, 미얀마, 인도네시아, 일본 등에서 만날 수 있다. 그러한 조각 중에서 가장 오래된 탑이 중인도의 바르후트고탑이라고 한다. 기원전 3세기에서 2세기 초에 건축된 탑에 자타카의 도상과 이름이 명확하게 새겨있기 때문에 이를 미루어 볼 때 자타카는 중인도 고탑건립 이전으로 성립 년대를 추정하고 있다.

필자는 자타카를 공부하면서 부처님 전생담 이면서 설화문학의 근원이 된다고 생각한다. 앞에서 언급한 우리고전인 판소리 수궁가, 귀토설화, 토끼와 거북이의 이야기는 자타카의 내용에서 그 근원을 찾을 수 있었기 때문이다.

한국의 설화와 인도의설화가 구성과 소재가 어떻게 동일 할 수 있을까. 관심과 흥미가 많아졌다.

우선 그 내용을 소개하면 다음과 같다.

자타카 "57의 원왕본생猿王本生", "208의 악본생鰐本生", "342의 원본생猿本生"이란 출전이 있다. 자타카57의 내용을 간단히 소개하면 어느 해안에 원숭이가 살면서 많은 과일을 먹고 즐겼다. 근처에 악어부부가 살았는데 임신한 부인이 입덧이 났는데 원숭이의 심장을 먹고 싶어 한다. 악어가 원숭이심장이 먹고 싶어서 잡아가려 할 때 원숭이는 피할 수 없음을 짐작하고 쾌히 몸을 바치겠다고 한다. 내가 내 몸을 던질 것이니 입을 크게 벌리고 기다리라고 한다. 악어는 입을 벌리면 눈이 감겨진다. 악어가 입 벌리고 기다리는 동안 원숭이는 풀쩍 뛰어서 악어의 머리를 짓밟고 강변으로 달아나서 자신의 생명을 구하는 내용이다. "악본생"에서는 등장동물이 동물이 원숭이와 악어이고, "원본생"에서는 원숭이가 돌고래로 나타나지만 이야기의 내용은 동일하다.

한국의 수궁가에서는 용왕의 병을 고치는데 토끼의간이 약이 된다고 해서 거북이가 육지로 나와 토끼를 꼬여서 수궁까지 데리고 가서 사실을 말하니 토끼가 자기의 간은 항상 몸속에 넣어가지고 다니지 않으니 다시 뭍에 나가서 나뭇가지에 걸어둔 간을 가져오겠다고 한 후 자기의 목숨을 보존하는 내용은 잘 알고 있다.

3.

부처님 전생담 인 자타카의 내용이 등장하는 동물이 다를 뿐 이야기의 구성이 동일하다는 것에 대해서 흥미롭지 않을 수 없다고 생각한다.

등장동물이 바뀌는 것은 그 지역에서 쉽게 볼 수 있는 동물로 등장시킬 수도 있었을 것으로 추측을 해 볼 수 있다고 생각한다.

불교의 전래가 교의만의 의미가 아닌 불교문화적인 내용까지도 함께 했다는 점을 고려 해 볼 때 고대 인도의 문화적 요소, 중앙아시아, 중국을 통한 문화적 신앙적 요소의 흐름도 간과할 수 없다고 생각한다.

자타카 "원본생"이 지니고 있는 설화적 근원을 인도의 민담에서 찾을 수 있는데 시간 공간적으로 상당히 떨어져있는 우리 한국의 판소리 수궁가에서 동일한 내용을 접 할 수 있다는 것은 시사하는 바가 많다고 생각한다.

이 "원본생"의 내용은 인도의 왕자 교육서로 제작한 「빵짜탄트라」에서 수록되었다.

끝으로 불교전래를 통한 문화적 수용과 문학적 관찰은 경전을 통해서 문학적 관심을 갖게 하는 부분이 많다고 생각한다.

『동학사』 2011년 여름호

학문과 수행이 영그는 곳

존 테이트(John Orley Allen Tate)는 詩를 「가장 완전한 인식의 체계」라고 정의 한 적이 있다. 평소 佛典을 通해서 숱하게 많은 감동과 감탄이 일어날 때마다 필자는 테이트의 정의를 佛典에다 부여하고 싶었기도 했었다.

跋文

차마 떠나 보내지 못한 사랑으로 사랑하렵니다

정안스님을 처음 만났을 때를 정확히 기억할 수는 없지만, 아마도 僧伽大學에서 業務關係上 인연이 되었음이 그 시작이었다. 신앙의 문제 외로 스님들을 뵐 수 있었음은 승가대학과의 인연 때문이었다.

대부분의 스님들이 그렇듯이 정안스님도 뵙기에 편안하고 거부감을 느낄 수 없는 스님이었다. 스님들이 日常的으로 사용하시는 탈속한 言語에 항상 매력을 느껴온 필자는 가끔 정안스님의 禪에 바탕한 詩語들을 주의심없이 지나쳤다. 재작년 어느 날 教學處에 들렀더니 詩集 한 권을 불쑥 내 주었다. 스님의 두 번째 시집이었다. 그제야 황망히 마음을 가다듬고 정안스님을 다시 생각할 수가 있었다. 돌아오는 차 안에서 시집을 모두 읽었다. 그리고 집에 와서 큰 소리로 또 읽었던 기억이 있다.

평소에 필자는 글을 쓰는 사람 모두를 깊이 존경해 왔다. 까닭은 글을 쓰려면 현실적으로 항상 부지런해야하고, 內面으로는 부단히 至高

至純의 순수를 추구하는 노력이 있어야 한다고 믿어지기 때문이다.

헌데 정안스님은 스님으로서, 또 僧伽大學의 敎務行政의 實務를 이행하고 있으면서도 틈틈이 詩를 써 왔다는 것은, 아직까지 스님과의 오붓이 차 한 잔도 나누어 본 적이 없으나 스님의 생활을 충분히 읽을 수가 있을 것 같다.

죤 테이트(John Orley Allen Tate)는 詩를 「가장 완전한 인식의 체계」라고 정의 한 적이 있다. 평소 佛典을 通해서 숱하게 많은 감동과 감탄이 일어날 때마다 필자는 테이트의 정의를 佛典에다 부여하고 싶었기도 했었다.

스님은 그러한 佛經을 배우고 익혔으며 이제 修行을 통한 求道의 모습은 완전한 인식의 實現을 나투기 위한 소망들로 스님이 써 온 詩에 그대로 투영이 되어 있다고 생각된다. 즉 한 求道者의 적나나한 內面의 모습과 소리를 맑게 비추어 볼 수 있음에 다소곳이 옷깃을 여기게 해 준다.

"제1부 우리를 가슴 아프게 하는 것"에는 오늘 우리의 고뇌를 공감할 수 있는 詩心을 모아 주었다. 그러나 그 고뇌들을 체념과 절망으로 탄식한 것이 아니고 次元높이 승화시킬 수 있는 방법의 암시는 스님의 몫에서 나누어 주는 저력의 나눔이 있음을 느끼게 한다.

"제2부 변화하는 것은 우리를 존재하게 해 주는 것인지도 모른다"는 어쩌면 이 詩集의 中心思想, 아니면 스님의 求道修行의 主題임이 아닐까하는 생각이 들기도 했다. "존재하는 것으로부터"라는 時題로 하나에서 스물하나에 이르기까지 연작처럼 이어진 詩속에는 존재의 양상과 존재성에 대한 인식도 다양하게 표현되고 있다. 그러나 그런 다양

로담路談시집, 선문출판사, 1994

성속에서도 존재에 대한 올바른 인식의 추구를 꾸준히 해 나가고 있음을 느낄 수가 있었다. 마치 칸트의 實存의 의미 구현을 좇는 批判論書의 독자로 돌아간 느낌이기도 했다. 現存으로 얻어지는 고뇌의 수용, 次元높은 實存에로의 귀향의식, 즉 空思想의 Image투영을 적이 느끼게 된다.

열아홉 번째의 詩 맨 끝 부분에서 "존재로부터 소멸하는 것으로 기뻐할 줄 알기 때문이다."

"존재한다고 느낄 때/ 존재하는 그 모습이 아름다운 것이다."

"존재 속에서 고통은 언제나 함께하기 때문이다"라는 표현들은 곧 스님의 眞面目이라고 생각된다.

"제3부 언제나 생의 한 가운데 있으면서"에서는 如法한 一常의 表

現들이 그대로 나타나있다. 조용히 그러나 끊임없이 그 무엇을 추구하는 노력이 진행되고 있음은 평소 스님의 日常과 研鑽의 모습이 되어 함께 나누고 싶어 하는 소망임을 읽을 수 있을 것 같다.

詩的體驗은 思想의 方向과 情緖를 환기시킨다는 것으로 이끈다고 하는데 이번 정안스님의 詩集은 그러한 면에 상당한 의미부여를 하고 있다고 생각한다.

널리 알려진 비평가 I. A. Richard는 일찍이 詩를 情緖의 傳達이라고 정의한 바가 있었다. 이는 心理學的 규명을 하려는 의도였으나 막상 그것은 信念에 대한 문제에 부딪치게 되고 말았다. 그러자 그는 詩를 정서의 전달로 보지 않고 인식으로 보게 되었는데 그 까닭은 心理學的에서 哲學的인 보조과학으로 넘어간 철학적 사상에 도전을 받았기 때문이라고 전해지고 있다.

불교의 사상은 철학사상을 능가하는 힘과 지혜를 섭렵하고 있다고 한다. 그러한 불교의 가르침을 기반으로 해서 修行精進을 계속하는 스님이 써 내려가는 詩는 결코 큰 法說을 독자에게 안겨줄 것으로 믿는다.

따라서 정안스님의 詩作生活에 무한한 希望과 기대를 갖게 된다. 항상 건강하시기를 心祝하면서 발문을 쓰게 된 영광에 감사드립니다.

『法身佛 四恩이시여!』를 엮고 나서

나의 참 스승을 추모하며

언제나 거기에 그대로 계시므로 내 마음과 시선만 돌리면 先生님을 대할 수 있다는 착각의 혼돈이 아직도 내 생활 깊숙이 침전되어 있습니다. 지금도 가끔씩은 살아 계신 先生님을 생각하다가 제자리로 돌아오는 허허로운 마음을 안고 諸行無常의 의미를 뼈저리도록 實感해 봅니다.

先生님 떠나신지 어언 3년여의 세월이 흘렀습니다. 제게 있어 지난 2~3년은 불행과 시련으로 가득 찬 세월이었습니다. 先生님 떠나시고 1년 후 제 마음의 기둥이셨던 어머니도 삭풍이 불던 겨울밤 홀연히 제 곁을 떠나시고 말았습니다.

저녁 해가 기우는 고향의 작은 선등성이에서 어머니는 덩그마니 서 있던 저를 한 번도 돌아보지 않은 채, 先親의 뒤를 따르시더니 그것도 꿈이 아닌 현실이었었지요. 연거푸 맞닥뜨려지는 가까운 인연과의 死別의 고통은 부끄럽게도 耳順의 나이에 걸맞지 않는 그것이었습니다.

세상이 온통 무너져버린 허전함에 어디 한 모퉁이 발붙일 곳이 없는 阿修羅였었지요. 뼈마디가 으스러지도록 사무친 그리움은 메마른 가슴에 그칠 줄 모르는 샘을 만들었습니다.

生死가 둘이 아니요, 서편에 지는 해가 내일 아침 다시 솟아오르는 것과 같다고 배웠고 믿었지만, 그것만으로는 永訣의 슬픔을 잠재워 주지는 못하는 것 같았습니다. 언제 어디서 그 모습, 그 음성을 다시 뵙고 들을 수가 있겠느냐는 절박한 현실의 소용돌이 속에서 쉼 없이 자맥질하는 浮草 그것이었습니다. 선생님의 삶을 통해서 많은 것을 배우고 느꼈기 때문에 선생님의 모습을 재현할 수 있는 방법으로 남기신 글을 모아 정리해 보려고 생각을 했습니다. 강의노트, 설교노트, 法會 때마다 메모해 두셨던 다른 설교내용, 감각감상, 日記 등 많은 양의 글이 있었고 그 글은 그대로가 先生님의 生活모습이었음을 다시 느낄 수가 있었습니다.

金剛院에서부터 報恩院生活에 이르기까지 先生님의 어루만짐으로 자라온 제가 마땅히 글월 모두를 정리해서 교단에 미친 先生님의 역할을 매듭 해 드려야 함이 제 몫의 일이라고 생각했습니다만, 막상 모든 자료를 손에 넣고 보니 제 몫에는 한계가 있다는 것도 느껴졌지요.

설교노트와 강의노트, 그밖에 教理에 관한 내용들을 섣불리 손을 쓰지 않아야 후에 교단적인 필요가 있을 때 적의하게 활용되어질 수 있으리라 믿고, 그것을 제외한 일기와 감각감상, 그리고 기도문식 일기만을 간추려서 정리해 보고자 했습니다.

손바닥만 한 노트에 빈틈없이 써 내려간 일기장을 보면서 先生님의 日常을 다시금 떠올릴 수가 있었습니다. 先生님을 가까이 모셨던 몇몇

원불교 출판사, 1996

은 외람되게도 先生님을 "진지리 꼼쟁이"(지독하게 모든 것을 아끼고 절약한다는 의미)라고 별명 했다가 어른께 혼이 났던 일도 있었는데 그 일기장을 대하고 보니 이런저런 모습이 되살아나면서 실로 만감이 조우했습니다.

빈틈없이 메우신 日記는 先生님의 日常을 진솔하게 보여 주셨고, 內面의 世界까지도 낱없이 밝히신 글을 통해서 先生님의 眞面目이 밝게 드러날 것이라 생각이 되었습니다.

그 누구도 쉽게 할 수 없는 끊임없으신 自己省察의 연속이었던 一生에 머리를 숙였습니다. 항상 부족하셨고, 모자랐고, 못 미치셨고, 못 살폈고, 남의 사정을 못 헤아렸다는 자기반성만의 겸허한 자리에서 法身佛을 대하셨던 선생님의 모습이 무척 숭고했습니다.

是非利害로 얽혀진 人生의 무대에서 혹독할 만큼 자신을 채근하시고 자신의 生活에는 한 치의 덤이 없으셨던 철저한 수도인의 금도를 남겨 두셨음에 몇 번이고 고개를 숙이지 않을 수 없었습니다. 公事에 임하는 기본자세는 항상 公命과 宗命을 원칙해서 萬事의 실마리를 밝게 풀어 주셨던 先生님의 一生을 오래도록 기리게 될 것입니다.

이 책은 선생님의 글월을 중심으로 해서 엮게 되었지만, 앞부분에서는 사진으로 남김 선생님의 모습들과 친필 붓글씨 몇 편을 넣었습니다. 그 다음에는 열반하신 후 발인식장의 모습과 발인식순, 운구차와 묘지의 화보를 삽입한 후에 이 책의 근간인 수행일기를 수록했고 마지막으로 가까운 인연들이 쓰신 추모의 글을 실어 보았습니다.

책을 엮는 과정에서 先生님의 글씨를 살려서 모든 독자들이 접할 수 있도록 하는 것이 좋겠다는 뜻에서 간간이 親筆을 그대로 삽입했습니다.

이 작업을 시작해서 마칠 때까지 常恒의 즐거움이 있었습니다. 그것은 先生님의 가르침을 가까이 받았던 교무님들의 한결같으신 도움이었습니다. 꾸준한 관심과 지원을 통해서 느껴지는 모습들이 마치 先生님의 應現을 뵙는듯하여 무척 흐뭇하였습니다.

그리고 공사다망하신 교무님들께서 先生님을 기리는 추모의 글을 쓰셨습니다. 모두가 다 先生님의 생생한 모습을 진솔하게 표현해 주셨습니다.

이 책을 엮는데 처음부터 끝까지 정성스럽게 의논해 주셨던 교무님들께 진심으로 감사드립니다.

先生님을 간사시절부터 모시고 지도를 받아온 보화당의 최선국 교무님의 노고를 잊을 수 없습니다. 최교무님은 모든 자료수집에서부터 추모담 청탁과 연락을 빈틈없이 해 주셨고 자문의 역할도 꾸준히 해 주셨습니다.

남부민교당 이창원 교무님은 추모담을 쓴 이상으로 관심을 보여주었으며, 특히 영등포교당 조학심 교무님의 노고를 잊을 수 없습니다. 편집에서부터 교정에 이르기까지 성의를 다해 주셨음에 감사드립니다. 그 밖에도 원근각지의 많은 교무님들의 지대한 관심 계셨음에 깊은 감사를 드립니다.

그러나 마음 한 구석에 머무는 아쉬움은 先生님의 인품이 고스란히 스며있는 책을 엮어서 선생님의 모습을 다시 새겨보고 싶었는데 많이 부족하고 못다 했다는 느낌입니다.

先生님의 自作詩(天燈)에서 우리는 先生님의 願力을 알았습니다.

天燈은 곧 無量壽, 無量光으로 永劫을 밝혀 주실 것으로 믿습니다. 모든 差別이 멎은 그 곳에 先生님이 계시리가 믿고 선생님을 그리는 인연들도 天燈의 빛을 밝힐 수 있는 願力으로 精進하여 선생님을 만날 수 있게 되기를 念願합니다.

작품해설 은하철도의 밤

영원한 동심을 추구한 이단아

미야자와 겐지宮澤賢治(1896~1933)는 리얼리즘이 풍미했던 일본 근대문학시대의 시인이자 동화작가다.

겐지는 깊은 불교사상과 철학적이고 종교적인 사유 위에서 우주의 실상까지 포함하는 작품세계를 펼쳤다. 그러나 그가 살았던 다이쇼 시대에는 기존의 관습과 상식에서 벗어난 작품은 용납하지 않았다. 그래서 그는 생전에 자신의 고향인 이와테 현을 중심으로 작품활동을 했을 뿐, 중앙 문단과 원활한 교류가 없었고, 사후에도 문학사상 이색적인 작가로 취급받았다. 그러나 지금은 시와 아동문학 분야에 커다란 영향을 끼친 작가로 새롭게 평가받고 있다.

미야자와 겐지 지음. 이선희 옮김.
신유식 그림, 바다출판사, 2001.

미야자와 겐지의 작품세계

겐지는 동화작가이기 전에 시인이었다. 그러나 그는 첫 시집인 『봄과 아수라』를 '시'라고 표현하지 않았다. '심상心象 스케치'라고 했는데, 이것이 겐지 문학의 독자성을 갖는 원형질이다. 그렇다면 과연 그에게 심상 스케치는 어떤 의미를 가졌을까?

겐지는 산과 들을 거닐면서 광물이나 식물을 자세히 관찰하고 사소한 자연의 변화도 민감하게 느꼈을 뿐만 아니라, 그런 것에 이끌려 마음속에서 자연스레 만들어진 여러 감정들이나 교감을 관찰하여 기록하는 방법을 만들어냈다. 그는 그러한 독특한 방법을 심상스케치라고 불렀다. 그것은 자신이 이질적인 여러 존재들의 내면 속으로 들어가서 세계와 자신을 동시에 파악하려는 방법이었다.

그는 시뿐만 아니라 동화까지도 심상 스케치의 한 형태로 여겼는데, 그의 동화는 맑은 눈으로 외부세계의 생명을 보고, 그들과 호흡하며, 자유로운 상상력으로 미래를 묘사한다. 제약 없이 다른 차원을 넘나들며 묘사하는 동화 장르가 겐지에 의해 성립된 것이다. 이것이 그의 작품이 갖는 독자성이라고 할 수 있다.

물론 겐지도 동물담을 남겼지만 이솝 동화의 교훈적이고 단편적인 의미를 뛰어넘고 있다고 할 만큼 그의 동화세계는 광대하다. 널리 알려진 이솝 우화는 동물 중심으로 표현되는 몇 가지 형식 패턴이 정해져 있는데, 대체로 등장하는 동물의 몸이 크면 지혜는 없고, 몸은 작지만 지혜는 뛰어나 결국 몸이 큰 동물은 몸이 작은 동물에게 지고 만다는 모티프로 엮어져 있는 등 교훈적이고 도덕적인 내용으로 가득하다. 그러나 겐지의 동화는 그것을 초월할 뿐만 아니라 시각적인 언어묘사는 물론이고 적절하게 선택한 의성어, 의태어들이 음악적이어서 구연하기가 쉽다. 그래서 일본의 저학년 교과서에 수록되기도 했다.

동화구성에 있어서도 단순 명쾌한데, 문체는 미려함은 물론이고 은유적인 표현 속에서 이상세계를 갈망하는 소망과 생에 대한 외경과 환희, 현실고통에 대한 슬픔과 분노, 신랄한 풍자를 하고 있는 우화들이 겐지 동화의 특징을 이룬다.

그는 「호쿠슈 장군과 의사 3형제」, 「첼로 연주자 고슈」 같은 중편동화와 「노송나무와 개양귀비」 같은 단편동화를 다수 남겼는데, 「은하철도의 밤」을 비롯하여 「폴라노 광장」, 「구스코 부도리 전기」에서는 심상 스케치, 즉 내적 투영과 내성을 통해 발현되는 자신의 영원한 아동성을 표현한다. 즉 어른이지만 마음속에 내재된 아동성, 즉 동심을 표현한 것이다.

또한 서역이문西域異聞이라고 하는 불전동화와 식물이나 작은 동물을 주인공으로 등장시킨 「쏙독새의 별」, 「개미와 버섯」, 「튤립의 환술」, 「똘배」와 저학년용 「노란 토마토」, 「쌍둥이별 1」, 「쌍둥이별 2」를 남겼다. 그 외에도 유럽 문명에 대한 동양적인 자비정신에서 강렬하게 비판하는 「주문이 많은 요리점」과 어른을 위한 동화 「가돌프의 백합」, 「인드라의 그물」 등 수 많은 작품으로 다양한 독자층을 갖고 있다.

「은하철도의 밤」은 일반적으로는 겐지의 대표작으로 알려져 있다. 이 작품은 한마디로 은하계 여행록이라 할 수 있는데, 북두칠성에서 남십자성에 이르는 천상공간의 기행으로, 현실과 꿈의 세계를 넘나드는 구성을 갖는다.

가난하고 고독한 생활을 하는 주인공 조반니는 당연히 비상의 의지를 싹틔웠을 것이다. 그것이 바로 은하계 여행으로 나타났고, 꿈속에서 이루어졌던 은하철도 여행은 그 이상세계에 대한 동경이기도 했다. 그러나 막상 꿈에서 현실로 돌아왔을 때에는 자신에게 늘 연민의 정을 주었던 캄파넬라는 친구를 구하다가 강물에 빠져 영영 돌아오지 않게 된다.

이 작품은 다양한 내용을 갖고 있다. 주인공 주반니의 심성을 중심에 두고 작품의 주제를 본다면 은하세계의 구성에 중점을 둘 수 있다. 그래서 참 행복이 무엇일까, 꾸준히 탐구하고 은하계를 통해서 시공을 초월한 세계, 즉 4차원의 세계를 제시한다.

미야자와 겐지의 동화는 심상 스케치로 구성되는 특징을 지니고 있다. 심상 스케치는 일체의 존재 속에 들어가서 존대와 자신을 동시에 파악하려는 노력의 모습이었으며, 그의 작품 저변에는 구도적 측면의 이미지, 사후세계에의 환상, 현실과 이상, 현실과 환상 세계에 대한 이중성이 표현되어 있다.

자연의 생명을 정감적 · 사념적으로 추구하려는 동화적 구도가 겐지 작품의 특징이라고 할 수 있으며, 그런 동화적 구도가 겐지 작품의 특징이라고 할 수 있으며, 그런 동화적 구도가 겐지 동화의 주를 이룬다. 결국 겐지는 독자에게 맞춘 동화는 쓰지 않았다고 볼 수 있다.

그의 심상 스케치는 불교적 사념, 특히 법화경 신앙에 입각한 사념이었을 것이다. 그는 신앙을 통해 자기완성의 추구를 쉼 없이 해나갔다. 그래서 그의 동화는 일반 동화와 다르고 더불어 어른이 읽을 수 있는 매력을 갖는다. 겐지 동화가 살벌한 일상에 몸을 움츠리는 어른들에게 신선한 감동과 충격을 주는 이유는 겐지 내면의 영원한 아동성이 독자를 매료시키기 때문이다. 영원한 아동성의 추구, 그것이 겐지 동화의 매력일 것이다.

부창국민학교 교가

조명렬 교수님께

處暑가 지나고 들에는 黃金물결 이삭이 여물기 始作했습니다 마는 아직도 더위가 식을 줄 모르고 있습니다.

그동안 玉體 安寧하셨습니까?

지나 번에는 本校의 校歌作詞를 爲하여 너무도 手苦가 많으셨습니다. 一, 二, 三次에 걸친 審査와 指導에서 無修正으로 通過되어 이제 承認이 되었습니다.

진작 찾아뵈옵고 感謝의 말씀드렸음이 마땅 하온줄 알면서 이제야 書面을 通하여 人事말씀드리게 된 것을 甚히 罪悚하게 生覺합니다.

교수님의 手苦로 六拾餘年의 歷史를 가진 本校에 校歌가 울려 퍼져 2000餘 건아들의 燈불이 되어 活氣넘치는 學校가 되었음은 오직 교수님의 德澤이라 믿고 再三感謝를 表합니다.

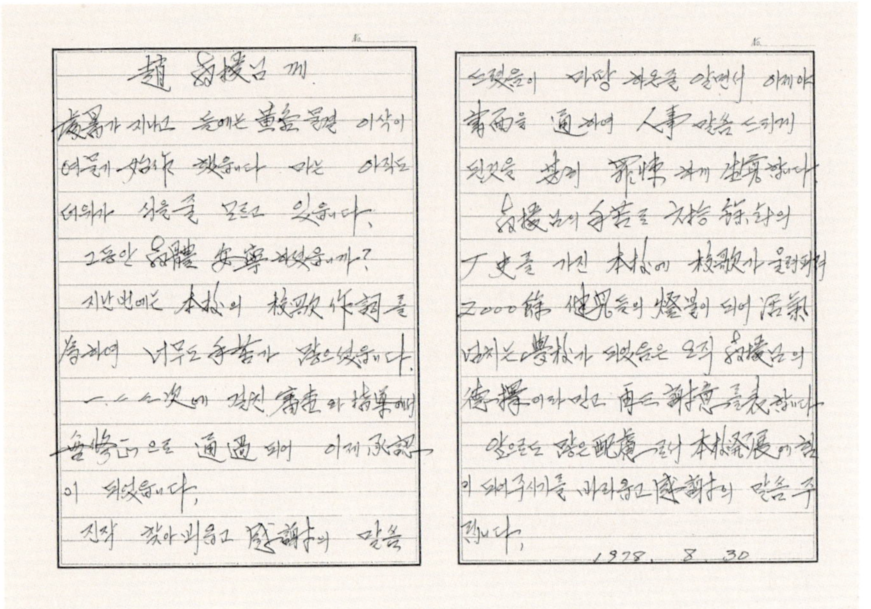

趙 敎授님 께

處暑가 지나고 들에는 黃金 물결 이삭이 여물기 始作 했읍니다 마는 아직도 더위가 식을 줄 모르고 있읍니다.

그동안 옥體 安寧 하셨읍니까?

지난번에는 本校의 校歌 作詞를 爲하여 너무도 手苦가 많으셨읍니다.

一, 二, 三次에 걸친 審査와 指導에서 無修正으로 通過 되어 이제 承認이 되었읍니다.

진작 찾아 뵈옵고 感謝의 말씀 드렸음이 마땅 하온줄 알면서 이제야 書面을 通하여 人事 말씀 드리게 된것을 몹시 罪悚 하게 生覺 합니다.

敎授님의 手苦로 ７０餘 年의 歷史를 가진 本校에 校歌가 울려퍼져 2000餘 健兒들의 燈불이 되어 活氣 넘치는 學校가 되었음은 오직 敎授님의 德澤이라 믿고 再三 謝意를 表합니다.

앞으로도 많은 配慮로서 本校發展에 힘이 되어 주시기를 바라옵고 感謝의 말씀 주립니다.

1978. 8. 30

앞으로도 많은 配慮로서 本校發展에 힘이 되어 주시기를 바라옵고 感謝의 말씀주립니다.

1978. 8. 30

論山富倉國民學校長 李鳳煥 拜上

논산부창국민학교 교가
조 명렬 작사
힘차게
안 일송 작곡
1. 금강-물 아름다운 품에안기어
2. 논산-벌 넓고푸른 흙 내음속에
조-상의 빛난얼을 이어가려는
부-유한 내고장을 이끌어나갈
영원-한 마음들이 모이어사는
슬기-론 친구들이 모이어사는
자랑스런 부창국교 우리네동산
자랑스런 부창국교 우리네동산

학문과 수행이 영그는 곳

중앙승가대학교 개교 30주년을 진심으로 축하합니다. 필자도 승가대학에서 20여 성상을 동고동락했음에 더 큰 보람이었다고 생각합니다. 안암학사는 열악한 환경이었지만 필자는 학인스님들의 언행을 접하면서 많은 것을 느꼈고 배우기도 했습니다. 인생의 궁극적인 목적을 성취하기위한 지속적인 정진의 필요성을 터득한 중요한 시간들 이었습니다.

안암학사는 교육현장으로서 모든 조건과환경이 부족했지만 우리에게는 잊을 수없는 소중한 추억으로 마음깊이 자리하고 있습니다. 김포학사의 출발은 명실공히 학문연찬과 수행정진을 위한 초석 이었습니다. 30주년을 기반으로 깊은 교학발전과, 교학에 근거한 여법한 수행자들이 배출되어 이 나라의 정신세계를 선도하는 천여래 만보살의 산실이 되기를 발원합니다.

『중앙승가대학교 신문』 불기 2553. 4. 13.(2009년)

퇴임사

뒷모습을 보면 그 사람의 마음을 안다

아직 정년을 실감하지는 못합니다만, 막연하게 '때가되면 흐르는 물처럼 흔적을 남기지 말고 떠나는 것도 의미가 있겠구나' 하고 생각한 적이 있었습니다. 그런데 지금 이렇게 단상에서서 스님들께 정년을 고하는 인사를 올리게 되었습니다.

제가 회자정리會者定離라는 단어를 초등학교 5학년 때 처음 접했던 기억이 납니다. 그때 저는 6학년 졸업생들께 송사를 했는데 그 내용에 회자정리라는 단어가 있었지요.

읽기는 읽었는데 그 말이 무슨 의미인지는 몰랐어요. 선친께서 그 의미를 가르쳐 주셨고, 그 이후 오늘까지 많은 회자정리를 경험했습니다. 그러나 오늘은 그 의미가 상당히 깊은 무게로 느껴지는 것 같습니다.

제가 이 학교에 몸을 담은 것은 1987년 9월 학기였습니다. 열반하신 송산학장스님께서 일본에서 공부했으니까 승가대학에서 일본어를 가르쳐 달라고 했습니다. 당시 혜성학장스님께 인사를 드리고 시작한 것

이 어느덧 24년이 됩니다. 오늘 정확하게 헤아려 봤습니다. 그 당시 심정은 2~3년 정도 해 보려는 생각이었지 제가 이렇게 까지 오래 할 줄은 몰랐습니다. 당시 몇 대학에 강의도 했습니다. 그런데 '중앙승가대학교'는 타 대학과 달리 저를 매혹시키는 부분들이 참 많았습니다. 소박하면서도 절제된 스님들의 생활에서 부터 그 탈속된 언행들이 저를 빠져들게 만들었던 것 같아요. 너무나도 순수하시고 아주 그 포장되지 않은 그런 탈속한 그 언행들에 매료되어 시간이 정지되었던 것 같습니다.

그래서 저는 많은 젊은 스님들을 만나게 되었고, 그것이 또한 제 인생의 가장 큰 배경이 되리라고 생각을 하고 있고 믿고 있습니다.

저는 20대부터 학문과 수행의 조화에 관심이 많았습니다. 그래서 언행일치, 지행합일의 구현을 위한 방안모색에도 관심이 많았습니다. 문학연구도 결국 문학정신의 바탕에선 인간성의 소통이라고 할 수 있는

것이 아닐까 생각합니다. 종교인도 돈독한 신앙과 철저한 자기성찰의 수행으로 큰 조화를 이루는 원융과 소통의 모습이 감동을 준다고 생각합니다. 정년 후 저는 시절인연 따라서 그야말로 여법如法하게, 그러나 자유롭게 해보고 싶었던 일을 충분히 하면서 편안하게 살고 싶습니다.

제가 좋아하는 작가가 있습니다. 일본 정토진종 사카무라신민坂村眞民이라고하는 스님이 계십니다. 그 스님은 시와 수필을 많이 썼고, 독자가 많았습니다. 그 스님 수필에 "後の姿を 見たら人の心を知る"란 제목의 수필이 있습니다. 이는 '우시로노 스가타오 미따라 히토노 코꼬로오 시루' 라고 하는데 의미는 "뒷모습을 보면 그 사람의 마음을 안다." 그런 내용이거든요. 깊이 감명을 받은 수필이었습니다. 이 수필제목으로 오늘 저의 인사를 가름하려고 합니다. 내 뒷모습만 봐도 누구든지 원융무애한 내 마음을 알 수 있도록 그런 모습이 되도록 노력하겠습니다. 건강하시고 원력 성취 하십시오.

『중앙승가대학교 신문』 불기 2555. 6. 7.(2011년)

童心

동화

저녁노을에 붉게 물든 채 빠알간 얼굴을 하고 있는 북은
아무런 대답이 없었다.

여우를 깨우친 북소리

진기한 짐승

여우 한 마리가 숲 속을 힘없이 헤매며 먹이를 찾고 있었다.

며칠을 굶었는지 여우는 맥을 잃고 비틀비틀 거리며 걸음도 제대로 못 걸었다. 어쩌다 숲속을 지나가는 거센 바람을 만나면 여우는 이내 주저앉았다가 일어나면서,

"바람, 흥. 바람 때문에 내가 쓰러진 것은 아니야. 그렇지, 나는 바람 앞에서 쓰러져 본 적이 없었어. 다만 배가 고파서 쓰러졌을 뿐이야…" 하고 중얼거렸다.

굶주림을 이기려고 노력하면서 여우는 있는 힘을 다해서 여기저기로 먹이를 찾고 있었다. 그때에 어디서 불어 왔는지 또 한 차례 심한 바람이 숲 속을 스치고 지나가면서 여우의 다리를 주저 앉혔다.

"다리야, 힘차게 일어서서 걸어다오. 내가 누구니? 이 숲 속의 여우

가 아니냐. 어서 일어나서 내 체면을 좀 세워다오…"하면서 다리를 내려다보고 있었다.

그때에 어디서인지

"둥, 둥, 둥…"

하는 소리가 들려 왔다.

여우는 두 귀를 세우고 여기저기를 두리번거려 보았으나 아무 것도 보이질 않았다.

"아니야, 저 소리는 내가 일찍이 이 숲 속에서는 들어본 적이 없는 짐승의 소리였어. 이 여우가 본 적이 없는 짐승이라면 아마 이 세상에서도 제일 맛있는 진기한 동물일거야. 내 오늘은 저 짐승을 잡아서 이 굶주린 배를 채워봐야지…"

여우는 새로운 용기를 내고 자리에서 일어났다. 진기한 동물을 찾겠다는 희망과 용기를 갖고 두리번두리번 거리면서 킁킁킁 냄새도 맡으면서 왔다 갔다 했으나, 짐승의 모습은커녕 냄새조차도 맡질 못했다.

"그렇게 진기한 동물이 쉽게 잡혀지지는 않을 거야. 그럼, 그렇고말고. 좀 더 인내심을 갖고 찾아보는 것이 좋을 거야."라고 생각하면서 천천히 걷고 있었다.

또 한 번 휘-이익 하고 바람이 나뭇가지를 흔들고 여우를 어루만지고 지나갔다.

"둥, 둥, 두-웅"

아무 것도 보이지 않는 숲속에서 처음 들은 동물의 울음이 또 들려왔다. 여우는 머리를 들고 두리번거리다가 저 쪽 나뭇가지 위에 있는 이상한 것을 발견했다. 어슬렁어슬렁 조심스럽게 그 나뭇가지 아래까지 두 눈에 불을 밝히고 다가서서 유심히 바라다보았다.

어리석은 도전

누가 언제 그렇게 해놓았는지는 모르겠지만, 큰 나뭇가지에는 북이 걸려 있었다. 바람이 불면 흔들리는 나뭇가지에 부딪쳐서 북은 소리를 내곤 했었다.

"이것이었구나. 정말 이상하게 생겼구나. 이런 모습은 내 일찍이 한 번도 본 일이 없었어…."

북이 매달린 나뭇가지 아래를 이쪽저쪽으로 다니면서 여우는 유심히 바라다보았다.

"모양은 둥그렇고, 머리도 얼굴도, 게다가 다리도 없는데 저것이 어떻게 살아있을까. 자세히 보면 볼수록 이상하단 말이야. 입도 보이질 않는데 이것이 도대체 무슨 동물일까…" 등등의 생각을 골똘히 하면서 올려다보고 있을 때 또 한 차례의 억센 바람이 불어왔다.

"둥, 둥, 둥, 둥, 둥, 둥, 두웅-"

북은 더욱더 큰 소리로 울었다.

"이거 큰일 났구나. 드디어 저 이상한 동물이 화를 냈구나." 여우는 서둘러서 도망을 쳤다. 있는 힘을 다해서 아무리 달리고 또 달려가도 북소리는 계속해서 들려왔다.

둥, 둥, 둥…

"오늘로써 이 숲 속의 재주꾼도 목숨이 끝나는구나. 저 신기한 동물의 밥이 되는 것으로 이 세상을 떠나는구나."하는 절망적인 생각을 하고 있을 때 북소리는 멎었다. 살짝 뒤를 돌아보니 북은 여우를 쫓아오지 않고 여전히 나뭇가지에 매달려서 흔들거리고 있었다.

"저게 도대체 뭘까? 으르렁거리기만 하고 뒤쫓아 오지는 않으니-그래, 저것은 눈이 없었어. 눈이 없으니 내가 어디 있는지를 몰라서 쫓아오질 못했을 거야. 그렇다면 이 천하의 여우가 무서워할 짐승이 못되지 않은가"라고 생각하면서 되돌아서 다시 북이 있는 곳으로 왔다. 발이 조금 떨고 있었다. 여우는 자신의 다리를 내려다보면서

"저건 소리만 크고 이상할 뿐이지 아무것도 아니야. 그러니 너무 겁내지 말고 좀 참아줘. 이제는 저것을 통째로 내 뱃속에 집어넣고 말거야"하고 중얼거렸다.

여우는 북이 매달려 있는 나뭇가지를 향해서 뛰어오를 수 있는 적당한 거리에서 자세를 가다듬고 섰다. 그리고는 북을 향하여 힘차게 뛰어 올랐다.

"둥-"하고 북이 울렸다.

힘껏 뛰어 올랐던 여우는 반대편 풀밭으로 나가 넘어졌다. 다시 일어나서 뛰어 올랐다. 있는 힘을 다해서 힘차게 뛰어올랐다. 북은 역시 "둥-두둥"하고 소리를 내며 흔들렸고 여우는 힘을 낸 만큼 여지없이 풀밭으로 나가떨어지고 말았다.

"이대로 포기할 수는 없어."라고 말하면서 여우는 기진맥진하여 일어날 수 없을 때까지 계속해서 몇 번이고 몇 번이고 뛰어 올랐다.

자비로운 북

풀밭에서 다시 일어날 수 없게 된 여우는 포기했다는 듯이

"난 이제 저 이상한 것의 밥이 되고 마는구나."라고 말하고는 그 자리에서 일어날 줄을 몰랐다.

여우가 눈을 떴을 땐, 숲 속은 조용하고 아름답기만 했다.

어느덧 석양이 곱게 드리워져 있었고 풀잎마다 타는 저녁노을에 물들어 곱게 불타고 있었다.

여우는 나뭇가지에 매달린 북을 바라다보았다. 그것은 여전히 그 자리에서 아무런 일도 없었다는 듯이 평화스럽게 흔들거리고 있었다.

"참, 이상한 일도 있구나. 나는 저 이상한 것에게 졌단 말이야. 그런데도 나는 죽지 않고 살아 있으니 참으로 이상하구나."

여우는 몸을 털고 일어나서 북을 향하여

"어이-"하고 말을 건넸다.

"자네는 나를 이겼어. 그런데 왜 나를 살려 주었지?"

저녁노을에 붉게 물든 채 빠알간 얼굴을 하고 있는 북은 아무런 대답이 없었다.

"나는 이렇게 돌아가도 좋겠니? 정말로 나를 살려 줄거니?" 여우의 얼굴에는 눈물이 흘러내려 두 뺨을 촉촉이 적시고 있었다.

"정말 돌아가도 좋으니? 살려주는 거니? 미안하다, 미안하다."

여우는 울면서 북을 향해 작별 인사를 하고 힘없이 돌아섰다.

"나는 오늘 훌륭한 짐승을 만났어. 강하면서도 뽐내지 않고, 싸워서 이겼으면서도 나를 잡아먹지 않고 돌려 보내주는 짐승은 아직까지 본

일이 없었어. 나는 나보다 약한 동물을 마구 잡아 없앴거든"하고 여우는 생각하면서 다시 한 번 북을 뒤돌아본 후에 총총히 돌아갔다.

『불광』 연꽃마을 이야기 1, 1985년 9월호

여우와 까마귀

즐거운 숲속

마을에서 조금 멀리 떨어져 있는 곳에 작은 숲이 있었습니다.

이름 모를 크고 작은 나무들이 빽빽이 들어 서있고, 온갖 새들이 모여 사는 아름다운 곳이랍니다.

그 숲 속 가장자리는 나무가 울창하지 않고 푸른 잔디가 예쁘게 펼쳐 있어 마치 이 숲 속의 운동장처럼 사용하여 왔답니다.

밤에는 작은 동물들이 그곳에 모여서 오순도순 재미있는 이야기로 즐거운 시간을 보냈고, 낮이면 산새들이 모여 흥겹게 노래하는 아름다운 숲 속 운동장이었습니다.

그 운동장 옆에는 마치 그곳을 지키고 보살펴 온 파수꾼처럼 오래된 감나무가 한 그루 버티고 서 있었습니다. 거무칙칙하게 죽어가는 나뭇가지가 잎사귀 하나 붙이지 않은 채 묵묵히 두 팔을 벌린 듯 서 있었고, 맨 꼭대기 쪽에는 아직도 가지 몇 개가 푸른 잎을 휘날리면서 당당하게 살아있는 모습을 과시 하는 듯 했습니다.

새들은 이 나뭇가지 위에 앉아 있다가 '파드득' 날아서 또 다른 가지 위로 옮기어 가면서 종알종알 즐겁게 이야기를 하였습니다.

감나무 맨 꼭대기에는 까마귀가 둥지를 짓고 있어서 그 어느 새도 감히 그 근처를 얼씬할 수가 없게 되었습니다.

그 까닭은 까마귀는 그곳에 모여 사는 새들의 왕이었기 때문이었어요.

아기 참새와 고추

어느 이른 아침이었습니다. 동녘이 밝아지려고 할 때에 숲 속의 새들은 마치 경주라도 하듯이 숲속 감나무 아래로 몰려들었습니다.

아기 참새도 엄마 참새를 따라서 눈을 비비면서 아침잠을 깨웠습니다. 그리곤 엄마 참새의 뒤를 따라서 열심히 날개를 저어서 숲 속의 감나무 아래로 날아 왔습니다.

"엄마, 올 가을엔 감을 먹을 수 있다고 했지요?"

"아암, 그렇고말고."

"그런데 엄마, 그 감이란 것은 대체 어떻게 생겼어요?"

아기 참새는 몹시 궁금해서 물었습니다.

"으응, 감은 말이다. 그 모양은 둥글둥글하고 빛깔은 고추처럼 빨갛게 생겼단다. 애기야."

“감이 고추처럼 빨갛다고요?”

“그래 아주 빨갛단다.”

그러자 아기 참새는 갑자기 실망하여 뾰로통한 표정을 지었습니다. 그리고 힘없이 말했습니다.

“그러면 엄마, 저는요, 그 감을 먹지 않을래요.”

엄마 참새는 아기 참새의 말을 듣고 깜짝 놀랐습니다.

“뭐라고? 아니, 감을 먹지 않겠다니 웬 말이냐?”

“감이 고추처럼 빨갛다면 서요? 그렇게 빨갛게 매운 것은 먹을 수 없어요, 지난번에 엄마가 고추밭으로 저를 데리고 가시지 않았어요?”

“그래, 그랬었지”

“그때 저는 열심히 벌레를 찾았지만 제 눈에는 벌레가 보이질 않았어요. 그 대신에 고추나무에 주렁주렁 매달린 빠알간 고추들이 얼마나 예쁘고 맛있게 보였는지 몰라요. 그래서 맛있게 보이는 고추를 골라서

'콕콕' 찍어 보았어요. '콕' 한번 찍었더니 빠알간 물이 흘러나오기에 받아먹었지요."

엄마 참새는 걱정스러워 물었습니다.

"아이쿠, 저런…그래서?"

아기 참새는 죄송하다는 듯이 고개를 다소곳이 숙이며 천천히 대답했습니다.

"그때는 엄마께 야단을 맞을까봐서, 혼자 꾸욱 참고 쏟아지는 눈물을 조용히 흘리고 말았거든요, 지금도 생각하면 빨간 고추 맛을 잊을 수 없어요. 그런데 그 고추같이 빠알간 감을 다시 먹어보라고요? 엄마, 저는 빨간 것을 절대로 먹지 않을래요. 너무 매워서 못 먹겠어요."

"애야, 고추는 맵지만 감은 그렇지 않아요, 그것은 아주 달콤하고 맛이 있단다."

엄마 참새의 설명에도 아기 참새는 믿질 못했습니다, 그리고 계속 고집을 부렸습니다.

"아니에요. 엄마, 빨간 것은 매운 것이에요. 감도 고추처럼 빨간 것이니 틀림없이 매울 거예요. 저는 감을 먹지 않을 거예요. 왜냐면 그렇게 참을 수 없는 눈물을 다시 흘리고 싶지 가 않아요."

그 뒤 아기 참새는 아침마다 '빨간 것은 맵다'는 이야기를 주장하면서 엄마 참새 뒤를 따라 다녔습니다.

여우한테 속은 까마귀

어느 덧 가을이 무르익어서 농부들은 추수를 서둘러 마쳤습니다. 빈 들판에는 허수아비만이 우뚝우뚝 서 있고 이따금씩 스치고 지나가는 바람소리가 들려 올 뿐이었습니다.

엄마 참새는 아기 참새를 데리고 감나무 밑에 날아와서 빠알갛게 익어서 매달린 감을 바라보면서 침을 삼켰습니다. 그리고는 목소리를 가다듬고 까마귀를 향하여

"임금님, 임금님, 안녕하세요? 참새입니다."

"오냐, 그런데 참새가 웬일이냐?"

까마귀는 참새 마음을 다 알면서도 시치미를 딱 떼고 입을 열었습니다. 엄마 참새는 까마귀에게 조심스럽게 사정했습니다.

"예, 사실은요, 이 어린 것에게 감 맛을 좀 보여주고 싶어서요, 그러니 감 한 개만 주실 수 없으신지요?"

"그래, 내가 들으니 너의 새끼는 빨간 것은 맵다고 안 먹겠다고 하던데 너는 왜 매워서 먹질 않겠다는 것을 자꾸 먹이려고 하는고? 금년에는 네 새끼까지 나누어 줄 것이 없으니 어서 돌아가거라."

까마귀의 호통을 들은 참새는 허둥지둥 집으로 돌아가고 말았어요. 참새가 정신없이 돌아가는 모습을 지그시 웃으면서 내려다 본 까마귀는 조용해진 숲 속을 둘러보고 빠알간 감을 따서 맛있게 먹었습니다.

그 때에 마침 먹이를 찾아 나섰던 여우 한 마리가 그 감나무 아래를 지나가게 되었습니다. 달콤한 감 냄새가 코끝에 와 닿았습니다. 감을 향해서 두리번거렸으나 감은 눈에 띄질 않았습니다. 여우는 금방 배가 고파 견딜 수가 없었는데, 그러다 얼핏 나무 위를 바라보니 까마귀가 맛있게 감을 먹고 있는 것이었습니다.

여우는 생각했습니다. '옳지, 저 까마귀의 감을 뺏어 먹어야지……' 하며 까마귀를 향하여 "여어, 나는 뉘신가 했는데 공작보다도 어여쁘신 까마귀님 당신이셨구려. 이 못난 여우는 한시도 당신의 그 고귀한신 모습과 그리고 마치 은쟁반에 옥구슬 굴러가는 듯한 당신 음성을 잊은 적이 없고 항상 따르고 닮고 싶어 했답니다. 까마귀님, 당신이야말로 영원히 이 숲속에서 가장 고귀한신 왕이 되실 것입니다."

여우의 칭송을 들은 까마귀는 기분이 매우 좋아져서 그에 답하기를, "그대의 기상은 젊은 호랑이와 같고, 그대의 판단은 세상에서 제일 올바르군요. 내 오늘의 만남을 기념으로 하고 싶소."

까마귀는 노래를 부르면서 나뭇가지를 흔들었습니다. 그러자 잘 익은 감들이 여우 있는 나무 밑으로 뚝뚝 떨어 졌습니다.

여우는 떨어진 감을 재빠르게 주어 담아서 어깨에 걸쳐 메고 콧노래를 부르며 집으로 돌아가 버렸습니다.

감나무에 매달렸던 감들이 다 떨어졌을 때 비로소 까마귀는 모습을 가다듬고 여우를 향하여 "사랑하는 젊은이여, 약소하지만……"라고 말하면서 나무 밑을 내려다보았을 때 이미 여우의 모습은 보이질 않았습니다.

<쟈카타 294에서>

『불광』 연꽃마을 이야기 2, 1985년 10월호

어리석은 사자새끼

자신 만만한 새끼사자

어느 깊숙한 숲속에서 새끼사자는 엄마사자와 함께 살고 있었습니다. 새끼사자는 장난질이 심했고, 지나친 개구쟁이여서 엄마는 항상 걱정을 했습니다.

"얘야, 너를 보면 항상 걱정이 되는구나. 도대체 왜 그렇게 안절부절하며 망나니 노릇만 하고 있는 거니?"

새끼사자는 날마다 혼자서 숲속 깊숙한 곳까지 달려가서 뒹굴고 뛰고 온갖 망나니짓을 하다가 해가 서산으로 꼴깍 넘어간 뒤에야 어슬렁어슬렁 집으로 돌아오곤 했습니다.

"아니 오늘은 또 어디를 가는 거니? 넌 그렇게 항상 엄마 말도 안 듣고 네 마음대로 할 거니?"

"흥, 엄마는 늘 저만 보면 호령을 하고 야단을 치시는데 그것은 정말 견딜 수가 없어요. 엄마, 저를 너무나 애기로만 생각지 마세요. 저는 엄마가 걱정하시는 만큼 약하지가 않아요. 그래도 다른 동물들은 숨소리를 죽여가면서 제 눈치를 살핀답니다. 그때부터 저는 그놈들의 대장이 되는 거예요. 엄마"

새끼사자는 한창 뽐내며 자기 자랑에 빠져 있었습니다.

들개가 새끼사자의 부하로

어느 날의 일이었습니다. 그 날도 여느 때처럼 새끼사자는 숲을 향해서 콧노래를 부르고 신나게 뛰고 뒹굴면서 열심히 달려가고 있었습니다.

들개 한마리가 나뭇가지 위에 편안하게 앉아서 행복한 모습으로 앉아 있는 것을 보았습니다.

"어이, 자네는 무척 행복해 보이는데 무슨 좋은 일이라도 있는가?"

나무아래에 다다른 새끼사자는 위를 올려다보면서 소리쳤습니다.

그 소리를 들은 들개는 깜짝 놀라서 나무에서 내려와서 새끼사자의 옆에 앉았습니다. 그리곤 얼굴에 미소를 띠고,

"대장님, 오늘은 절말 기분이 좋습니다. 이런 곳에까지 대장님이 왕림하여 주시다니 참으로 영광이옵니다. 사실 저는 일찍부터 힘이 센 대장님의 부하가 되는 것을 몹시 소망했었답니다. 그래서 항상 대장님을 모시고 함께 살고 싶었습니다. 허락하여 주십시오."

들개는 온갖 애교를 부려서 이야기 했습니다.

그 이야기를 들은 사자는 금방 기분이 무척 좋아졌다. 그래서

"그대가 그렇게도 원하고 있다면 내가 그대를 부하로 삼을 것이니라."

당장 그렇게 승낙을 해버렸습니다.

"고맙습니다. 고맙습니다. 대장님, 이 기쁨이 하늘 끝까지 닿을 것 같습니다. 저의 일생을 두고 이 고마움을 잊을 수가 없을 것입니다."

들개는 새끼사자의 주위를 돌면서 기쁜 표정을 지었습니다.

그날 밤 새끼사자는 들개를 데리고 자신의 집으로 돌아왔습니다.

그 모습을 본 엄마는,

"애야, 넌 아직 어린데 부하라니? 그건 말도 안 된다. 더구나 교활하기 이를 데 없는 들개는 더욱 안 돼. 들개하고 같이 있으면 너도 교활한 물이 들어서, 교활하고 나쁜 아이가 될 거야. 어서 들개는 들개의 집으로 돌려보내 거라."

"아휴, 엄마는 왜 내가 하는 일에는 항상 반대를 하시는 거예요?"

새끼사자는 엄마의 걱정은 들은 척도 하지 않았습니다. 그리곤 여전히 들개를 데리고 숲속을 누비면서 갖은 망나니짓을 하면서 놀았습니다.

임금님의 소를 잡아먹다

어느 날 새끼사자를 따라 다니던 들개는 우연히 쇠고기가 먹고 싶어졌습니다. 그래서 들개는,

"대장님, 저는 훌륭하신 대장님을 모신 후로는 참으로 맛있는 고기를 많이 먹었습니다. 언젠가 한 번 들었는데요. 고기는 소고기의 맛이 최고라고 합니다. 대장님, 이놈에게 그 소고기의 맛도 좀 볼 수 있도록 해주셨으면 고맙겠습니다."

"소고기라고? 소란 놈이 어디 이 숲속에 살고 있어야지."

"소는 저 아래 냇가 언덕에서 항상 풀을 뜯고 있지요."

"그래, 그렇다면 어렵지가 않겠구나. 자, 어서 뒤를 따르거라."

그들이 언덕에 이르렀을 때에는 수많은 소들이 한가롭게 풀을 뜯고 있었다. 들개는 제일 기름기가 흐르고 피둥피둥 살이 찐 소를 가리키면서,

"대장님, 저쪽의 소가 제일 맛이 있을 것 같습니다."

"으응, 알았다. 내가 가서 저놈을 잡아 올 테니 너는 여기서 기다리도록 하라."고 하면서 새끼사자는 뛰어가서 소의 고삐를 잡아끌고 집으로 돌아왔습니다.

엄마사자는 날이 갈수록 더욱 더 난폭해지는 새기를 걱정하면서 꾸중했습니다.

"아니, 이제는 소까지 끌고 들어오다니 웬일이냐. 이 소는 임금님의 소라는 것을 알고 있느냐 모르느냐?"

새끼사자는 여전히 엄마의 걱정을 들은 척도 하지 않았습니다. 그리고 그 후에도 몇 차례 임금님의 소를 끌어다가 먹어치워 버렸습니다.

새끼사자의 최후

많은 소를 잃은 임금님은 소를 물어간 도둑을 잡기 위해 소의 집을 새로 짓고 그 우리 안에 소들을 가두었습니다. 그리곤 그 주위에 활을 잘 쏘는 사람들을 골라서 밤낮을 가리지 않고 지키도록 명령했습니다.

새끼사자도 여전히 들개를 데리고 또 소를 잡으러 내려왔습니다. 여기저기 두리번거리면서 소를 찾다가 드디어 새롭게 잘 단장된 우리를 발견했습니다.

"애, 그런데 저길 어떻게 들어가지?"

"대장님, 훌륭하신 대장님을 하실 수 있습니다요. 소의 집을 둘러싸고 있는 것은 힘없는 판자에요."

들개의 찬양에 힘을 자랑하면서 새끼사자는 슬슬 안으로 들어갔습니다. 그리곤 한 마리의 소를 붙들고 끌어내려고 했습니다.

소는 앞의 두 다리로 힘없이 땅을 짚고 커다란 두 눈을 뜨고 멀뚱멀뚱 새끼사자를 바라만 보고 있었습니다.

"애, 오늘은 이 소가 나를 무서워하지를 않는구나…"하고 새끼사자가 말하는 순간 주위에 지키고 있던 사람들이 똑같이 활을 당겼다.

"아야야--앗"

새끼사자 몸에는 순식간에 수많은 화살이 꽂혔고 견딜 수 없는 아픔으로 괴로워했습니다.

새끼사자의 비명을 들은 들개는,

"이젠 틀렸구나. 저건 인제 죽고 말거야. 여기서 얼씬거리면서 저 새끼사자를 기다리다간 나도 죽을지 몰라. 사실 내가 저 새끼사자 같은 망나니의 부하는 처음부터 아이었어. 그저 저것을 달래서 고기나 좀 많이 얻어 먹어보려고 했던 것뿐이야. 저건 이제 화살을 맞았으니 죽는 편이 나을 거야. 서둘러서 집으로 돌아가야지…"라고 생각하면서 들개는 부지런히 자기 집으로 돌아와 버렸습니다.

한편 새끼사자는 온 몸이 피투성이가 되고 곧 죽을 지경이었습니다. "엄마, 엄마"를 부르면서 있는 힘을 다해서 집 앞까지 겨우 돌아왔습니다.

새끼사자 소리를 들은 엄마사자가 뛰어나와서 그 몸에 꽂힌 화살을 다 뽑고 그 자리를 소독하고 치료를 해 주었습니다.

"애야, 애기야 정신을 차려야 한다. 정신을…"

엄마사자가 애타게 울부짖으면서 치료를 계속 했지만 이미 때는 늦어버렸습니다.

엄마 품안에 안긴 새끼사자는 밤이 깊어 고요해졌을 때 가느다랗게 두 눈을 뜨고 입술을 움직여서 엄마에게 뭐라고 말했으나 확실히 들리진 않았습니다. 그리곤 영영 두 눈을 감고 고개를 떨어뜨리고 말았습니다.

<자타카에서>

『불광』 연꽃마을 이야기 3, 1985년 11월호

항아리 속의 꿈

게으른 욕심쟁이

옛날 인도 어느 마을에 욕심쟁이 한 남자가 살았습니다. 항상 세상을 온통 차지하려는 듯이 욕심을 부리면서도 그 행동은 게으르고 게을러서 게으름뱅이라고 온 마음에 소문이 나돌았습니다. 이렇게 게으른 욕심쟁이는 밤낮을 가리지 않고 누워서 잠을 잤어요. 늘어지게 잠을 자고 있다가 배에서 쪼르륵 쪼르륵 하는 소리가 날 때면 겨우 일어나서 자루를 들고 마을로 나갔습니다. 이집 저집으로 돌면서 자루에 다가 곡식을 얻어가지고 돌아와서는 얻어가지고 온 곡식의 반은 밥을 지어서 굶주림을 면하고 나머지 반은 침대 아래 벽 옆에 놓아둔 항아리에 넣어서 저장했습니다.

이 사나이의 집은 매우 좁아서 침실이니, 부엌이니, 다용도실이니 하는 것이 전혀 없이 그저 작은 공간에서 밥도 지어 먹고, 그 한쪽 벽

쪽으로는 침대를 놓고 잠을 자기도 했습니다. 그러는 가운데에서도 이 사나이는 곡식을 저장하는 항아리에 곡식이 쌓여가는 것을 가장 즐겁게 여기면서 하루에도 몇 번씩 그 항아리를 들여다보면서 흐뭇한 미소를 짓곤 하였습니다. 마을에서 얻어온 곡식은 나날이 조금씩 조금씩 늘어나서 어느덧 항아리를 거의 채우게 되었습니다. 욕심쟁이 사나이의 기쁨은 이루 다 표현할 수가 없었습니다.

얻어온 곡식을 팔아서

어느 날 밤이었습니다. 그 사나이는 잠자리에 누워서 골똘히 생각을 했습니다.

"앞으로 얼마동안 더 곡식을 얻어다가 저장을 한다면 그때는 상당히 많은 양의 곡식이 모아질 것이야. 곡식이 많이 저장되면 그때부터는 내가 마을에 나가서 곡식을 얻어오지 않아도 될 거야. 그리고 나는 그 많아진 곡식을 시장으로 가지고 나가서 팔면 아마도 상당한 돈이 될 테지. 그렇지, 그때가 되면 나는 이 마을에서 제일 돈을 많이 가진 사람이 되겠지. 그러면 모두들 나를 부러워하겠지. 흐흐흐…"

그 사나이는 웃으면서 힘 있게 두 주먹을 쥐었어요. 그리곤 다시 생각하기 시작했습니다.

"그러면 나는 그 돈을 가지고서 기름지고 살찐 양을 두 마리 사야지. 왜냐면 양은 반 년 정도 기르면 새끼를 낳을 수 있기 때문이지. 그러니까 6개월 후면 내 양은 네 마리로 늘어나고, 다시 6개월이 지나면 여덟 마리가 되고, 또 6개월 후에는 열두 마리의 양이 되고 또 다시 6개월이 지나면 스물네 마리가 된단 말이야…. 어휴, 그렇게나 많은 양을 기를 필요가 없어. 그러니까 스무 마리가 넘게 될 때면, 그때에는 그 양들을 팔아서 그 돈을 가지고 양보다는 큰 가축, 소와 말을 사야겠다."

사나이의 마음속으로 돈 많은 부자들의 얼굴을 떠올리면서 그들을 얕잡아 보는 미소를 지었습니다.

"그럼 뭐 자기들이 어쩔 수 있나, 부자가 된 나한테 모두들 찾아와서 머리를 숙여야지. 그러면 나는 목소리를 가다듬고, 점잖은 행동을 하면서 아주 멋있고 세련된 모습을 보여줘야지."

사나이는 이렇게 중얼거리면서 두 어깨에 힘을 주었습니다. 그리고는 다시 생각을 이어갔어요.

"내가 사들인 소와 말을 일 년 동안 기르고 나면 양의 숫자처럼 불어나서 그 숫자를 헤아릴 수가 없을 거야. 그러면 나는 또 수많은 소와 말을 시장으로 끌고 나가서 모두 팔아버려야지, 모르긴 해도 어쩌면 그때는 내가 아마 이 나라에서 제일 돈 많은 부자가 될 것이야. 자– 아, 그때에 내가 먼저 해야 할 일이 있지. 뒤쪽에는 아름답게 우거진 숲이 있고 앞으론 맑고 맑은 시냇물이 흐르고 있는 양지바른 땅을 찾아서 그림책에서나 볼 수 있는 집을 지어야겠어. 임금님이 사는 궁전보다는 더 아름답게 장식을 해 놓고 예쁜 색시를 맞이해야지. 우아한 옷을 입고 날마다 수많은 하인들이 나와 내 색시를 위해서 맛있는 음식을 만들고, 예쁜 옷을 짓게 한다면 그렇게 부자로 잘 살고 있는 나를 어쩌면 임금님이 부르셔서 벼슬을 내려 주실 지도 몰라. 아니야, 그것은 틀림이 없어. 나는 임금님의 신하가 되는 거지. 그렇지, 나는 대신이 되고 내 색시는 대신의 부인이 되는 것이 틀림이 없어. 그런데 내가 그렇게 훌륭하게 되면 우리 집 하인들이 나를 어떤 얼굴로 바라다볼까? 그것이 궁금한데…. 아니야, 궁금할 것 없지. 그것들은 분명히 두 눈이 휘둥그레져서 깜짝 놀랄 거야. 놀랠 테면 놀래라지 뭐, 나는 대신이 된 나의 모습에 대해서 더욱 더 신경을 써야 할 거야. 정중한 몸가짐을 항상 가져야 하고, 항상 품위 있게 말하고, 음성도 지금과는 다르게 좀 고쳐야겠어. 부드러우면서도 조금은 엄한 그런 음성을 낼 수 있도록 연습을 해야겠어. 그래서 나라에서 제일 멋있고 정중한 대신이 되어야지. 아암, 그렇게 되고 말거야. 그리곤 임금님의 사랑을 나 혼자서 독차지를 하는 거야… 그런데 어쩌다가 나를 시샘해서 내 기분을 언짢게 하는 사람이 생긴다면 그것이 좀 문제가 되고 신경을 쓰이게 하는 일이 되겠지. 그런 일은 생각할 필요도 없지만, 만약에 그런 사람이 나타난다면 나는 가만히 있질 않을 거야. 그냥 발을 들어서 있는 힘을 다해 이렇게 '뻥' 하고 걷어차 버리고 말테야."

부서진 항아리

사나이는 다리를 들어서 힘 있게 찼습니다. 그 다리는 곡식이 담긴 항아리를 사정없이 밀어 버렸고 그 항아리는 벽에 부딪쳐서 '와장창' 여지없이 박살이 나고 말았습니다. 항아리 깨지는 소리에 정신을 차린 사나이는 자리에서 일어나 깨진 항아리 조각을 바라보았습니다. 깨어진 조각 사이사이로 그 동안 모아온 곡식들이 땅바닥에 아무렇게 흩어졌고, 멀리 흩어진 곡식들은 물에도 젖었습니다. 그리고 주워 담을 수도 없게 나뭇단 밑에 깔려버린 곡식도 있었습니다.

"모두가 끝이 났구나. 내가 힘껏 애써서 대신까지 되어보려고 했었는데… 그 꿈이 영영 멀어져 갔구나."

그 욕심 많고 게으른 사나이는 큰 소리로 울기만 하였습니다.

<빤차탄트라에서>

『불광』 연꽃마을 이야기 4, 1985년 12월호

엄마의 마음

낯선 여인의 욕심

어느 마을에 네 살 된 철이가 살고 있었습니다. 철이네 집은 온 동네 사람들이 부러워할 만큼 오순도순 행복한 가정이었습니다.

아침 일찍 아빠가 회사에 나가시고 나면, 집에는 엄마와 철이가 남아서 엄마는 열심히 집안일을 하셨고 철이는 그림책을 보거나 장난감을 가지고 놀곤 했습니다. 철이 얼굴이 얼마나 깨끗하고 예뻤는지 보는 사람들마다 모두가 귀여워 해주었답니다.

어느 날, 이 마을에 낯선 여인이 찾아 왔습니다. 그 여인은 몇 차례인가 철이네 집앞을 지나다녔습니다. 하루는 여인이 막 그곳을 지날 무렵에 '삐이걱' 하는 소리와 함께 대문이 열렸습니다.

"엄마, 빨리 다녀올게요."

빠알간 코르덴 점퍼를 입고 모자를 쓴 귀엽고 어여쁜 철이였습니다. 철이를 본 그 여인은 그만 그 자리에 멍청히 서서 바라만 보고 있었습니다. 마치 정신을 잃은 사람처럼……

'아아, 만약 내게도 저렇게 귀여운 아이가 한 명만 있다면 얼마나 좋을까' 하고 여인은 넋을 놓은 채 생각했습니다.

한참 있다가 누군가의 목소리가 들렸습니다. 여인이 정신을 차리고 보니까 저쪽 길모퉁이를 돌아오면서 철이가 신나게 노래를 부르는 것이었습니다.

"우리 엄마 이름은 여보이고요. 우리 아빠 이름은…."

여인은 엉큼스럽게 웃으면서 철이 쪽으로 다가 갔습니다. 그리고 초콜릿을 들고 있는 철이의 손을 다정스럽게 붙잡으며 말했습니다.

"아이쿠 우리 철이로구나. 어쩜 이렇게 귀여울까."

"그런데 아줌마는 누구예요?"

"철아, 누군 누구니. 네 엄마란다."

여인은 지나가는 사람들에게 그들이 엄마와 아들처럼 보이게 하기 위해서 철이를 품안에 껴안고 나직하고 곱게 말하면서 동네 밖으로 빠져 나가려고 했습니다.

한편 철이 엄마는 과자를 사러간 아이가 오랫동안 돌아오지 걱정이 되어 밖으로 나가 보았습니다. 그러나 철이는 보이질 않았습니다. 철이 엄마는 물에 젖은 손을 옷에 닦으면서 가게로 달려갔습니다.

가게 주인은 그럴 리가 없다는 듯이 말했습니다.

"철이는 초콜릿을 사가지고 진작 갔는데요. 어디 가까운 곳에서 놀고 있는 게 아닐까요?"

그 소리를 듣는 순간 철이 엄마는 불안한 생각이 들었습니다. 그러

면서 애타게 '철아, 철아' 하고 부르면서 돌아다녔습니다.

그런데 지나가던 한 꼬마가 말했습니다.

"조금 전에 어떤 아줌마가 철이를 안고 저쪽으로 가던데요."

철이 엄마는 꼬마가 가리킨 쪽으로 힘껏 뛰어갔습니다. 그러자 웬 여인이 철이를 안고 유유히 걸어가고 있었습니다.

철이 엄마는 '철아, 철아' 하고 있는 힘을 다해 불렀지만 그 여인은 뒤도 돌아보지 않고 계속 걸었습니다. 그리고 걸음을 점점 빨리 하더니 어느 틈엔가 뛰기 시작했습니다.

당황한 철이 엄마는 크게 소리를 쳤습니다.

"저 여인을 좀 붙들어 주세요. 저 여인이 우리 아이를 훔쳐갑니다. 아이 도둑을 잡아주세요."

누가 진짜 엄마인가

철이 엄마 외치는 소리를 듣고 길을 지나던 사람들이 여인을 붙잡으려고 우르르 몰려갔습니다. 그러자 여인은 갑자기 달리기를 멈추고 뒤로 돌아서 천천히 걸어오는 것이었습니다.

"바로 저 여자가 내 아들을 훔쳐가는 아이 도둑입니다. 내 아들을…."

철이 엄마는 말을 채 잇지 못하고 울기만 했습니다. 그러나 아이를 안고 가던 그 여인은 모여 있는 사람들을 향하여 당당하게 말했습니다.

"아니, 이런 세상에! 내가 아이를 훔쳐가다니요, 그게 어디 말이나 되는 소리입니까? 이 애가 어떻게 당신 아들이란 말이오? 하늘이 무섭지도 않소?"

사람들은 무슨 영문인지 알 수가 없었습니다.

"거짓말, 거짓말 이예요. 철이는 내 아들입니다. 저 여자의 말은 모두가 거짓말입니다."

"흥? , 거짓말은 누가 거짓말이야 뻔뻔스럽게 남의 아들을 자기 아들이라고 말하다니…. 우리 아이는 이렇게 내 품에서 평화롭지 않습니까? 여러분, 소란을 피워서 대단히 죄송합니다. 지금 저 여자는 아마 정신병을 앓고 있는 것 같아요. 기분대로 하자면 저 여인을 처벌하고 싶지만 그냥 이해하고 돌아가야겠습니다."

철이를 안은 여인은 다시 발길을 돌리려고 했습니다. 그때 모인 사람들 중에서 누군가 "저 여인의 말이 맞아. 괜히 정신병자 때문에 한동안 시끄럽기만 했어 자, 돌아갑시다."하고 말했습니다. 그 소리를 들은

철이 엄마는 기가 막힐 뿐이었습니다.

"아니에요. 나는 정신병자가 아닙니다. 아, 내 아들 철아……."

이때 가엾게 울고 있는 철이 엄마를 유심히 살펴본 한 청년이 앞으로 나오며 말했습니다.

"여러분, 이 일은 우리가 해결할 수 없을 것 같습니다. 우리 마을에서 가장 어른이신 영식이네 할아버지시라면 올바른 판단을 내려주실 것입니다."

그러자 사람들은 그게 좋겠다며 두 여인을 데리고 영식이네 할아버지께 갔습니다. 자초지종 얘기를 들으신 할아버지는 '거참 희귀한 일이다. 아이는 하나인데 엄마가 둘이라니' 하고 잠시 생각에 잠기셨습니다.

할아버지는 딱하고 안타깝다는 표정을 지으시며 두 여인에게 말했습니다.

"자, 하늘에 맹세를 하고 자기 아들이 아닌 사람은 돌아가시오."

그러나 두 여인은 한 치도 물러서지 않고 제각기 자기 아들이라고 주장했습니다.

"그러면 할 수 없군. 일 년 중 반은 이쪽, 나머지 반은 저쪽 집에서 기르는 게 어떻겠소?"

"아닙니다. 제 아들을 왜 남에게 줍니까?"

"할아버지, 자식은 엄마 품에서 길러야 합니다. 안됩니다."

할아버지는 다시 한참동안 생각에 잠기셨습니다.

"다들 그렇다면 내가 하라는 대로 따르겠소?"

두 여인은 그렇게 하겠다고 대답했습니다. 할아버지는 마당 한가운데에다 선을 그렸습니다. 그 선 위에다 철이를 내려놓았습니다. 그리고 두 여인에게 철이의 양팔을 한쪽씩 각각 붙들도록 했습니다.

진실한 엄마의 마음

이를 보고 있는 사람들은 어떻게 하시려는 것일까 하고 궁금했습니다.

"내가 '시작' 이라고 말하면 두 사람은 그 아이를 자기 쪽으로 잡아당기세요. 아이를 많이 끌어당긴 쪽이 진짜 엄마가 되는 것 입니다. 다들 알겠지요?"

두 여인은 고개를 끄덕였습니다. 마을 사람들도 숨을 죽이고 이 광경을 쳐다보았습니다. 잠시 후 할아버지가 '시작' 이라고 하자 두 여인은 양쪽으로 갈라선 채 철이의 팔을 힘껏 잡아당겼습니다.

그러자 가운데 서있는 철이는 아픔을 견디지 못하고 울면서 비명을 질렀습니다. 한참 잡아당기던 철이 엄마는 아이의 괴로운 울음소리를 듣고 힘없이 팔을 놓아 주고 말았습니다. 그러면서 철이를 껴안은 채 말없이 흐느끼기만 했습니다. 그러나 이를 악물고 철이의 팔을 잡아 당겼던 여인은 의기양양 했습니다.

"자아, 보시오. 나는 결국 내 아이를 찾았습니다. 여러분, 저 불쌍한 정신병자 여인을 동정해주세요."

하지만 할아버지는 그 여인의 말에 아랑곳하지 않았습니다. 그리고 슬기롭게 빛나는 눈빛으로 사람들을 향해서 말씀하셨습니다.

"여러분도 잘 보셨습니다. 아프다는 아이의 비명소리를 듣고도 끝까지 잡아당긴 쪽과 아이의 고통을 안타깝고 마음 아프게 여기고서 팔을 놓아준 쪽 어느 쪽이 진실한 어머니의 마음이겠습니까? 승부에서는 끝까지 악착스럽게 아이의 팔을 잡아당긴 저 여인이 이겼습니다. 그러나 이것은 이기고 지는 것이 문제의 해결이 아니었습니다. 나는 이 두 여인의 행동 속에 숨어있는 엄마의 마음을 찾아내려는데 목적이 있었습니다. 여러분의 눈에는 두 여인의 행동에서 어느 쪽이 진실한 엄마의 마음으로 보였습니까?"

마을 사람들은 할아버지의 말씀을 듣고 감탄했습니다. 그리고 다 같이 입을 모아 "아이의 고통을 덜어주기 위하여 팔을 놓아 준 여인이 진짜 엄마입니다"하고 합창하듯이 말했습니다.

<쟈타카에서>

『불광』 연꽃마을 이야기 5, 1986년 1월호

들쥐마을의 결혼식

사랑스런 들쥐공주

어느 숲 속 양지바른 작은 언덕 아래 들쥐들이 모여 사는 나라가 있었습니다. 이 들쥐나라의 임금님은 오랫동안 자식을 두지 못하다가 뒤늦게야 겨우 공주를 얻었습니다. 왕실의 후손이 이어지지 않는 것을 항상 안타깝게 생각해 온 임금님과 왕실은 공주가 탄생하자 크게 기뻐했습니다.

들쥐 임금님은 날마다 잠시라도 공주의 곁을 떠나지 않고 지켜보면서 공주를 길렀습니다. 나라를 다스리는 일은 아예 잊어버린 듯 공주의 곁을 떠나지 않았습니다.

임금님이 올바로 통치를 못하는 들쥐나라의 이곳저곳에서는 들쥐들의 불만이 터져 나왔고 나라는 매우 무질서해졌습니다. 이때 들쥐나라의 혼란한 틈을 타서 고개 너머의 들고양이들이 한 차례 쳐들어와서

옹골지게 한탕을 해 갔습니다. 많은 들쥐들은 약탈을 당한 뒤 발을 동동 구르며 한탄했습니다. 그러나 이미 지나간, 소용없는 일이었습니다.

늙은 총애 받는 한 신하가 임금님께 나아가서 간곡히 아뢰었습니다.

"임금님, 들 고양이들이 쳐들어와서 우리 젊은이들을 많이 붙들어 갔습니다. 이는 요즘 임금님께서 공주님만 바라보시면서 나라의 장래를 전혀 염려하시지 않았기 때문입니다. 제발, 이 나라를 바로 통치하여 주십시오."

그러나 임금님은 늙은 충신의 간곡한 말을 아랑곳하지 않았습니다. 임금님은 무릎 위에 앉아 있는 공주만을 애지중지 하면서 오히려 신하를 꾸짖었습니다.

"내가 이렇게 공주를 보살피는 것이 어찌 내 일이라고만 생각하시오? 내가 공주 곁을 떠나지 않는 것이 바로 이 나라의 정치를 위한 것임을 어찌 그대가 모른단 말씀이요? 나에게도 나대로의 깊은 뜻이 있으니 그대는 물러가 있으시오."

늙은 신하는 이해할 수 없다는 듯 몹시 안타까운 표정을 지으며 물러나왔습니다.

공주는 나날이 곱고 어여쁘게 자라서 어느덧 참하고 아름다운 아가씨가 되었습니다. 임금님의 공주에 대한 기대는 대단했습니다. 그래서 항상 '우리 공주만큼은 이 세상에서 제일 훌륭한 남편을 맞도록 해서 저 들 고양들이 꼼짝을 못하도록 하리라' 하고 생각했습니다.

이 세상에서 가장 훌륭한 사윗감이라면 햇님밖에 없다고 생각한 임금님은 어느 날 아침 공주를 데리고 동쪽 산언덕으로 올라갔습니다.

최고의 신랑감은 누구일까

임금님은 두둥실 떠오르는 햇님에게 물었습니다.

"햇님, 이 귀여운 공주를 아내로 맞이해 주시겠습니까?"

"오-- 오, 정말 아름답군요. 고맙습니다. 제게 맡겨 주신다면 기꺼이 결혼을 하겠습니다."

햇님은 활짝 웃으면서 대답했습니다. 이 때 옆에서 듣고 있던 들쥐 공주가 임금님을 향해 말했습니다.

"아버지, 햇님은 싫어요. 높이 떠 있어서 이 세상을 밝게 비춰주시는 것은 훌륭하지만요, 너무 뜨거워서 가까이 갈 수가 없어요. 그리고 눈이 부셔서 똑바로 바라볼 수도 없어요. 햇님께는 시집가지 않을래요."

햇님은 자기와의 결혼을 반대하는 공주의 말을 듣고 고개를 끄덕거

렸습니다.

"공주의 말이 맞아요. 이 세상에는 이 햇님보다 훌륭한 사윗감이 또 하나 있는데 그리고 가보시지요."

임금님을 깜짝 놀라며 다급하게 물었습니다.

"아니, 햇님보다 더 훌륭한 사윗감이라니…… 그게 누구입니까?"

"그는 바로 구름입니다. 저는 지금까지 구름을 이겨 본 적이 없었어요."

아버지를 따라 공주는 구름을 찾아갔습니다. 그러나 구름도 공주의 마음에는 들지 않았습니다. 이리 저리 흔들리고만 있는 구름은 더욱 싫었습니다. 구름보다 더 훌륭한 신랑감을 원했습니다.

구름이 말했습니다.

"그래요. 공주의 생각이 옳아요. 저는 항상 흘러 다니기만 하는 하늘의 물입니다. 정해진 집도 없이 떠돌아 다니는 풍선 같은 신세이지요. 그런데 제가 왜 이렇게 떠도는지 아십니까? 그것은 바람님 때문이에요.

제일 높이 떠 있는 햇님도 이길 수 있었는데 단 한 가지 저 바람님만은 전혀 이길 수가 없습니다. 그러니 저보다 바람님이 훨씬 낫지요."

구름은 바람이 이 세상에서 가장 훌륭한 사윗감이라고 소개를 했습니다.

임금님은 공주의 손을 잡고 바람을 찾아갔습니다. 임금님은 바람에게 물었습니다.

"바람님이여, 당신이 이 세상에서 가장 훌륭한 사윗감이라고 하는데 우리 어여쁜 공주와 결혼해 주겠습니까?"

"네에? 제가 세상에서 제일 훌륭하다고요? 천만에, 그런 말씀은 하지 마세요. 세상에서 가장 훌륭하고 힘이 센 것은 벽입니다. 저는 지금까지 해보고 싶은 것은 다 해보았지만 아직도 벽을 이겨본 적이 없었습니다. 벽이야말로 가장 용맹하고 힘이 세니 그리고 가 보십시오."

한사코 사양하는 바람을 뒤로 하고 이번에는 벽을 찾아 갔습니다.

든든하게 버티고 서 있는 벽을 만나보았으나 공주는 또 마음에 들지가 않았습니다. 저렇게 기다랗고 딱딱한 벽에게 시집가고 싶지는 않았습니다.

"아니, 공주야, 저 벽이 세상에서 제일 훌륭한 신랑감이라고 소개받지 않았느냐? 이 아버지의 마음은 든든하기만 하구나. 저렇게 튼튼한 사위를 둔다면 그까짓 들고양이들이 감히 얼씬이나 하겠느냐."

그러나 공주는 울먹이면서 계속 싫다고 막무가내였습니다.

행복한 결혼

벽은 잠자코 듣고 있다가 나직이 말했습니다.

"공주의 뜻이 옳습니다. 저는 생각보다 힘이 없습니다. 항상 이 자리에 서 있기만 할 뿐입니다. 이렇게 우뚝 서 있어도 저를 무너뜨리는 것이 있습니다. 그것은 쥐입니다. 제 몸의 여기저기에다 구멍을 뚫고 갈기갈기 파헤쳐서 저를 주저앉게 합니다. 저는 쥐를 이기질 못합니다. 그러니 들쥐야말로 가장 훌륭한 사윗감이 될 것입니다."

벽의 이야기를 들은 임금님과 공주는 쥐의 집을 방문했습니다. 대문을 열어주는 쥐의 모습을 보자 공주는 갑자기 생기가 넘쳤습니다. 공주는 재빨리 다가가 쥐의 손을 잡으며 임금님에게 말했습니다.

"아버지, 이 분이야말로 저를 맞아줄 훌륭한 신랑감입니다. 원하옵건대 이 분에게 시집을 보내주세요."

공주의 얼굴은 한결 밝아졌으며 행복하게 보였습니다. 임금님은 행복해 하는 공주의 뜻대로 결혼시키기로 했습니다.

공주의 결혼식 날, 들쥐나라 방방곡곡은 기쁨으로 가득 찼으며 웃음소리가 그치질 않았습니다. 축복하기 위해서 몰려온 수많은 축하객들은 마치 자신들이 결혼을 하는 듯 즐겁고 흐뭇했습니다.

그들 가운데 누군가 '역시 이 세상에서 가장 훌륭한 사윗감은 우리 들쥐를 빼놓고는 찾을 수가 없단 말이야.' 하고 말했습니다. 그러자 여기저기에서 '그럼, 그렇고말고!' 하고 소리쳤습니다. '좌우지간 들쥐 만세다. 만세고 말고……' 하는 소리들로 왁자지껄했습니다.

『불광』 연꽃마을 이야기 6, 1986년 2월호

분수를 모르는 까마귀

배고픈 까마귀

어느 숲 속에 까마귀 몇 마리가 살고 있었습니다. 발갛게 아침 해가 떠오르면, 그들은 서로서로 아침인사를 나누고 두 날개를 저으면서 먹이를 찾아 날아가는 무척이나 행복한 생활을 했었습니다.

그러던 어느 해였어요.

큰 가뭄이 계속되어서 여름 내내 비가 내리질 않았습니다. 날씨는 몹시 더웠고, 논과 밭에 심어둔 곡식들은 메말라 죽어버리고 말았습니다.

사람들은 큰 흉년이 들었다고 모두들 울상 이였으며 세상은 온통 수라장이 되었습니다. 드디어 굶주림을 견디지 못한 사람들이 한 사람, 두 사람 죽어 갔습니다. 모두들 굶주린 배를 채우려고 숲 속으로 들어와서 나물을 뜯거나, 칡뿌리 등을 찾아서 마치 두 눈에 불을 켠 듯이 정신이 없었습니다. 때문에 모두가 까마귀들의 굶주림을 걱정해 줄 수가 없게 되고 말았습니다.

며칠을 울면서 울면서 먹이를 찾아 다녔어도 한 톨의 곡식도 구하지 못한 까마귀들은 마침내 그 숲 속을 떠나기로 결심을 했습니다.

다음 날 날이 밝아질 때에 아빠 까마귀는 다른 까마귀들을 데리고 산 깊숙한 곳을 향하여 날기 시작했습니다.

까마귀들은 있는 힘을 다해서 날았습니다.

"아빠, 이제는 더 이상 날수 가 없어요. 아직도 멀었어요?"

꼬마 까마귀가 말했습니다.

"아니야, 조금만 더 힘을 내자. 멀지 않았어……."

아빠 까마귀는 그렇게 대답을 했지만 사실 얼마를 더 날아야 할지 막연하기만 했습니다.

며칠을 날았는지 모릅니다.

시원한 바람이 앞가슴을 스치고, 풋풋한 향기가 나는 듯한 곳에서 잠시 나뭇가지에 앉아 날개를 접었습니다.

아래를 내려다보니 거기에는 파아란 물이 넘실거리는 상당히 큰 호수가 있었습니다. 까마귀는 호수가로 내려가 보았습니다. 그 호수에는 상당히 많은 고기들이 평화스럽게 헤엄을 치면서 놀고 있었습니다. 고기떼를 바라본 까마귀는 금세 입안에 군침이 돌았습니다. 그러나 물속에 있는 고기를 잡아 올릴 방법이 없었습니다. 까마귀 가족들은 일단 그 부근에 자리를 정하고 당분간은 그곳에서 살기로 했습니다.

넓고 넓은 호수를 빙빙 돌면서 물고기를 잡아 올릴 방법을 생각해 보았지만 좀처럼 좋은 방안이 떠오르질 않았어요.

물새의 도움

그때 작고 까만 물새가 물속을 자유롭게 드나드는 것을 눈 익혀 보았습니다. 그 물새는 물속으로 들어갔다가 나올 때마다 서너 마리나 되는 고기를 입에 물고 나왔습니다.

그것을 본 까마귀는 '옳지, 저 물새가 잡아온 고기를 좀 얻어먹어야지' 하고 생각하곤 머뭇머뭇 물새 곁으로 다가갔습니다.

"물새님, 참으로 훌륭하십니다. 물속에서도 나시고 땅위에서도 나시는 분은 물새님 밖에는 없으실 겁니다."

"오오, 당신은 까마귀가 아니요. 그런데 그렇게도 내가 훌륭해 보입니까?"

"그럼요, 그러고 말고요, 물새님이 물속을 향해서 날아가시는 그 모습에 저는 감탄을 했습니다. 어쩌면 그렇게 멋지십니까!"

"하기야 그런 이야기는 가끔씩 듣지요."

"그래서 물새님, 이 까마귀가 진심으로 청하고 싶은 것이 있습니다요."

"까마귀가 청할 게 있다고요? 그게 뭔데요? 어서 말 해봐요."

"이 까마귀는 위대하고 멋진 물새님의 졸개가 되고 싶으니 저를 부려주십시오."

"까마귀가 내 졸개가 된다, 그러면 내가 해야 할 일이 무엇이오?"

"예, 그것은 뭐 별로 없습니다만, 그저 이따금 한 번씩 저 호수에서 잡아오시는 고기새끼나 한 마리 주십시오. 그 이상은 더 바라지도 않습니다요."

"그래요, 그러면 그렇게 하지. 그 대신 고기를 이따금씩 주는게 아니고 매일매일 내가 먹고 남은 것은 다 갖다 먹으시오. 저 호수에는 수많은 고기가 살고 있으니 그것은 염려하지 말고."

"고맙습니다. 물새님, 이 은혜는 잊지 않겠습니다."

그 후로 날마다 까마귀는 물새로부터 많은 물고기를 받아 집에서 기다리고 있는 식구들과 같이 맛있게 먹었습니다. 배고픔에 시달리며 어려웠던 시기가 아주 먼 옛날의 일이었던 것처럼 까마귀는 까맣게 잊어 버렸습니다. 그리고 물새의 고마움도 잊어버리고 어느덧 마음속에는 '저 쬐그만 물새가 큰 고기는 주지 않고 먹다 남은 것만 주는데 나도 큰 고기 좀 먹어봐야겠어. 그래, 나라고 뭐 물속에 들어가지 말라는 법은 없지. 아무리 내가 몸이 커도 저 물새 보다는 크고, 그리고 물새처럼 나도 까만 털을 지녔고, 나도 물새하고 똑같은 두 눈을 가졌고, 내 부리도 날카롭고, 내 다리도 물새하고 똑같은 두 다리를 가졌어. 그래, 조금도 다른 곳이 없어, 그러니 나도 물속에 들어가서 고기를 낚아올

수가 있단 말이야. 그런데 왜 지금까지 바보처럼 찌꺼기만 얻어먹고 살았을까? 그래, 내가 용기를 내면 나도 할 수 있어 이제부터는 저 쬐그만 물새보다는 내가 더 많이 고기를 잡아 올 거야….' 하고 생각을 했어요. 그리곤 물새에게로 가서 "물새님, 제가 항상 힘들이지 않고 손쉽게 맛있는 고기를 얻어먹기만 해서 대단히 죄송스럽습니다. 이제부터는 제가 고기를 잡아다가 물새님의 식사를 올리고 싶으니 좀 편안히 쉬십시오." 하고 말했습니다.

물새는 깜짝 놀랐습니다.

"그것은 안 될 말이요, 까마귀의 뜻이 갸륵하긴 하지만 까마귀는 물속에 들어 갈 수가 없어요, 나는 어려서부터 물새로서 단련을 받았다오. 진흙 속을 헤치고 나는 연습과 물속에 뛰어들어 고기를 잡아 올리는 것이 우리 물새들이 해야 할 일이고 또 나는 그런 일에 아주 잘 익숙해져 있소만, 만약 당신이 물새가 하는 일을 한다면 당신의 목숨을 빼앗길 것이니 제발 그 생각만은 하지 마시오."

물새는 정중하게 당부했습니다.

더 많은 물고기를 잡아야지

그러나 까마귀는 물새의 진실한 충고를 아랑곳하지 않았습니다.

'그까짓 것 물속에 들어가는 일이 뭐가 그렇게 대단해서 생명이 위험하다고까지 공갈을 칠까?' 하고 생각하면서 돌아온 까마귀는 엄마 까마귀에게 자기의 생각을 이야기했습니다.

"여보, 그게 사실이요. 그렇다면 얼마나 좋겠소. 우리 애들에게도 좋은 고기를 먹일 수 있고, 우리도 고기를 쌓아 놓고 먹을 수도 있겠구려. 그래요, 다녀오세요. 나는 내일 아침 당신이 잡아온 고기를 받아둘 큰 그릇을 준비해야겠어요."

엄마 까마귀는 크게 기뻐했습니다.

다음날, 날이 밝자 까마귀는 어깨에 힘을 주고 당당한 모습으로 호수 가에 나왔습니다. 날마다 물새가 나와 있던 곳에 이르렀으나 아직 물새의 모습은 보이질 않았습니다.

까마귀는 물새가 항상 했던 모습을 하고 물속으로 첨벙 뛰어 들었습니다. 물속을 힘차게 날아서 물풀들이 살고 있는 곳을 지나갔습니다.

그런데 갑자기 까마귀는 움직일 수가 없게 되고 말았습니다, 까마귀의 두 날개가 뒤엉켜진 물풀에 걸려서 빠져 나오려 했으나 날개는 조금도 빠져 나오질 못했습니다. 까마귀는 기진맥진이 되고 말았습니다.

'이대로 죽고 마는구나. 끝장이야' 하고 생각습니다. 커다란 그릇을 들고 기다리고 있을 엄마 까마귀의 모습이 눈앞에 떠올랐습니다.

'여보, 미안해요. 그 그릇에 고기를 채워 주질 못해서…' 하고 말을 마친 까마귀는 영영 물 위로 올라오질 못했습니다.

<자타카에서>

『불광』 연꽃마을 이야기 7, 1986년 3월호

사자와 토끼

새로운 임금님

늙은 사자 한 마리가 숲속에 나타났습니다. 목소리를 가다듬고 심호흡을 한 후에, 사자는 우렁찬 음성으로 숲속의 동물들에게 외쳤습니다.

"이 숲속에 살고 있는 사랑하는 짐승들아, 이 사자가 오늘부터 너희들의 임금이 되어 이곳에서 살기로 했으니 그렇게들 알고 있으렸다."

애써서 위엄을 부리고 숲속을 향해서 외쳐댔으나 하루가 지나가고 이틀이 지나도록 숲속은 죽은 듯이 고요하기만 할 뿐 단 한 마리의 짐승도 구경 할 수 없었습니다. 인사조차 받지 못한 사자는 화가 치밀어 오르기 시작했습니다. 그리고 마음 속으로 '고얀 것들, 한 놈도 인사를 하지 않으니 내 이것들을 모조리 잡아먹고 말아야겠다.' 고 생각했습니다.

어느덧 사흘째 날이 밝아 왔습니다. 사자는 무척 배가 고팠습니다.

그래서 하늘 끝까지 화가 난 사자는 온 숲속을 향하여 고래고래 외치기 시작했습니다.

"자, 이 숲속에 살고 있는 놈들은 모두 듣거라. 지금부터 빠른 시간 안으로 모두 내 앞으로 모여라. 만일 모이지 않으면 한 놈도 남겨두지 않고 잡아먹어 치워버릴 것이니 그런 줄 알아라. 나는 두 번 다시 이 말을 하지 않겠다."

사자가 나타난 이후 줄곧 불안하고 초조하게만 지내온 숲속의 짐승들은, 화난 사자의 외침을 듣고는 모두들 어찌할 바를 모르고 바들바들 떨면서 각자의 동굴 속으로 깊이 들어가 숨기에 바빴습니다. 작고 깊은 동굴 속에 몸을 웅크리고 나오질 않았습니다.

잔뜩 화가 나서 안절부절 하는 사자는 숲속을 쿵쿵 울리면서 눈에 보이는 짐승들을 모두 잡아먹기 시작했습니다. 숲속의 짐승들은 더욱더 죽음의 공포 속으로 빠지기만 했습니다. 화난 사자를 이대로 둔다면 멀지 않아서 숲속의 짐승들은 모두 사자의 밥이 되고 말 것이라고 생각했습니다.

사자의 으르렁거림을 멈춘 시간을 틈타서 짐승들은 조용히 한자리에 모여서 시급하게 해결을 해야 할 방법을 의논했습니다.

여러 가지 의견들이 쏟아졌지만, 사자의 노여움을 풀어줄 신통한 방법은 없었습니다. 결국은 모두가 사자를 찾아가자고 결정했습니다. 온 숲속의 크고 작은 짐승들이 떼를 지어서 사자의 동굴 앞에 이르렀습니다.

하루에 한 마리씩

그리고는 제일 작은 생쥐가 사자의 굴 앞으로 가서 귀엽고 낭랑한 목소리로, "사자님, 저희들이 오늘부터 사자님을 임금님으로 모시고자 이렇게 모였습니다. 그 동안의 노여움을 푸시고 저희들을 사랑으로 다스려 주십시오."하고 말했습니다.

그러자 사자는 어슬렁어슬렁 동굴 밖으로 나왔습니다. 사자는 동굴 앞에 모여 엎드려 있는 짐승들을 보자 입안에 군침이 돌았습니다. 배를 채우고 싶은 생각이 간절했습니다. 그래서 사자는 '나는 너희들의 임금으로서 배 고픔을 참을 수 없구나. 우선 몇 마리 잡아먹고 나서 이야기를 해야겠다.…' 하면서 달려들려고 했습니다. 그때 다시 생쥐가 나서서 말했습니다.

"잠깐만 기다리십시오, 임금님. 어찌 저희들이 그것을 모르겠습니까. 제발 제 말씀을 들으시고 잡수시더래도 잡수십시오."

"그래? 좋다. 그럼 어서 말해봐라."

"임금님, 저희들은 임금님을 잘 모시고 받들기 위해서 회의를 했습니다요. 임금님께서 제일 중요하게 생각하시는 식사 문제를 이제 부터는 저희들이 해결해 드리기로 했습니다."

"너희들이, 그래…어떻게?"

"오늘부터는 저희들이 순서를 정해서 매일 한 마리씩 임금님 앞에 나타날 것입니다. 하루도 거르는 일이 없을 것이니, 그저 임금님께서는 편안하게 앉아 계시면서 식사를 하시면 됩니다요."

사자는 생쥐의 말이 그럴듯하다고 고개를 끄덕거렸습니다.

"그럼, 너희들 회의에서 결정 한대로 따르겠다. 만일 하루라도 이 임금님의 식사를 거르게 한다면 그날은 너희들을 모두 잡아먹고 말겠다. 알겠느냐?"

"틀림없도록 약속드리겠습니다."

그날부터 짐승들은 한 마리씩 사자의 밥이 되었습니다.

그러던 어느 날이었습니다. 작은 토끼의 차례가 되었습니다. 토끼는 서글피 울면서 친구들과 이별하고 사자의 동굴을 향해서 발길을 돌렸습니다. 무거운 걸음을 한 발짝씩 옮기면서 어떻게 살아남을 방법이 없을까 곰곰이 생각했습니다. 한동안 가노라니 길옆에 오래된 우물이 있었습니다. 토끼는 우물 가까이 가서 우물 속을 들여다보았습니다. 깊은 우물 속에는 자그마한 토끼의 걱정스런 모습이 환히 비쳐 있었습니다. 한 참을 내려다보고 있던 토끼는 '그래, 이제는 살아남을 수가 있어' 하고 생각 하면서 오던 길로 되돌아갔습니다.

우물 속의 사자

토끼는 윈 종일 집에서 뒹굴고 놀다가 저녁놀이 곱게 물들어 갈 때,

집을 나와서 허둥지둥 사자에게로 달려갔습니다. 아침 일찍부터 먹이를 기다리고 있던 사자는 정오가 지나고 석양이 기울도록 먹이 감이 나타나지 않으니 화가 나서 어쩔 줄을 몰라 안절부절 이었습니다. 그러다 뒤늦게 나타난 토끼를 본 사자는

"나는 너를 먹지 않겠다. 그러니 그냥 돌아가라. 그리고 너희들 모두 모이도록 해라. 더 이상 참지 못하겠다. 내 오늘은 모두 먹어치우고 말겠다."하고 화를 냈습니다.

"임금님, 제 말씀 좀 들어주십시오. 저도 임금님을 위해서 싸우다가 이렇게 늦었습니다."

"뭐라고? 나를 위해서 어쨌다고?"

"예, 사실은 여기로 오는 도중에서 임금님보다도 더욱 큰 사자를 만났습니다요. 그런데 그 사자가 이 숲속의 임금님이라고 하지 않겠습니까? 저는 한사코 우리 임금님은 따로 계시다고 했더니…글쎄 임금님을 가짜 임금이라고 하면서 모시고 와보라고 하지 않겠어요? 그래서 왼종일 말다툼을 하다가 이렇게 늦었습니다.

임금님, 그 건방진 사자를 좀 야단을 쳐주세요. 그렇지 않으면 숲속의 짐승들이 혼동을 할지도 모르겠어요."

"아니, 그런 고얀 놈이 있다니… 자, 당장 가자. 그 놈을 내 요절을 내고 말 것이니라."

토끼의 말에 사자는 토끼를 잡아먹을 생각은커녕 또 한 마리의 사자가 임금행세를 한다는 데에 잔뜩 화가 치밀어 올랐습니다. 그렇게 되기를 바랐던 토끼는 사자를 우물까지 안내했습니다.

토끼는 "임금님, 그 고약한 사자가 저 안에 살고 있습니다."하고 우

물 속을 가리켰습니다. 그러자 사자는 씩씩거리면서 우물 안을 들여다 보았습니다. 과연 그 속에는 커다란 사자한 마리가 날카로운 이빨을 드러내며 자기를 노려보고 있었습니다. 그것을 본 순간 사자는 급한 성미를 이기지 못하고 당장 우물 속의 사자를 향해서 뛰어들었습니다.

텀버-엉. 사자는 깊은 우물 속으로 빠져 버렸습니다.

"살려줘. 살려줘. 살려줘…"

사자의 다급하게 외치는 목소리를 들으면서 작은 토끼는 힘을 다하여 숲속으로 달려갔습니다. 다시 숲속에는 평화가 찾아 왔습니다.

<佛本行集經에서>

『불광』 연꽃마을 이야기 8, 1986년 4월호

호랑이를 살려준 왕자

숲 속의 세 왕자

옛날 어느 곳에 세 사람의 왕자가 있었습니다. 첫째 왕자도 훌륭한 인물이었고, 둘째 왕자도 훌륭하고 아름다웠습니다만, 셋째 왕자는 더욱 더 아름답고 훌륭했었습니다. 늠름한 기상과 덕성 넘치는 인자한 모습이었으며, 지혜로운 마음을 가진 왕자님이라고 온 나라에 소문이 파다했었습니다. 총명하고 후덕한 셋째 왕자님은 온 국민의 희망이었고 모두의 존경을 받았습니다.

그러던 어느 날이었습니다.

세 분 왕자님들은 임금님을 모시고 숲으로 나아갔습니다.

풋풋한 풀내음을 맡으며 희귀한 꽃과 열매들을 찾아서 숲길을 따라 이곳저곳으로 걸었습니다. 작은 풀꽃들이 너무나도 귀엽고 아름다워 시간가는 줄 모르고 들여다보고 있던 왕자들은 임금님의 일행을 잃어

버리고 말았습니다. 그들은 아버지 일행을 찾기 위해서 숲속으로 숲속으로 찾아들어갔습니다. 그러나 아버지 일행을 쉽게 찾을 수가 없었고, 어느 덧 숲속 깊숙한 곳까지 들어서고 말았습니다. 대나무가 울창하게 우거진 숲속이었습니다.

"어이, 아우님들 우리가 너무 깊숙한 곳까지 들어 왔구려."하고 첫째 왕자가 말했습니다.

둘째 왕자가 대답했습니다.

"그렇지요, 형님, 자아, 어서 왔던 길로 돌아갑시다. 아버님께서 걱정을 하시겠어요."

"예, 돌아갑시다."하고 첫째 왕자님과 둘째 왕자님이 이야기를 주고받을 때 셋째 왕자는 한 마디 말이 없었습니다.

"어이, 셋째 왕자, 셋째 왕자." 하고 큰 형이 불렀습니다.

셋째 왕자는 아무런 소리도 듣지 못 한 채 뭔가를 유심히 바라고만 있었습니다. 두 형님들이 옆에 다가오는 것도 모르고 열심히 뭔가를 바라다보면서 깊은 생각을 하고 있었습니다.

두 왕자들도 그 쪽을 바라다보았습니다. 거기에는 한 마리의 커다란 호랑이가 기진맥진이 되어서 추욱 늘어져 있었습니다. 호랑이의 옆에는 갓 낳은 새끼들이 있었습니다.

어떻게 도울 수 있을까

새끼를 낳은 늙은 호랑이는 먹지를 못 해서 입만 크게 벌린 채 지쳐서 쓰러져 있는 것이었습니다. 자연히 새끼들도 젖을 먹지 못해서 기진맥진이 되어 힘을 잃고 비실비실 거리고 있었습니다.

"아이고, 호랑이가 있구나. 그런데 왜 저렇게 힘이 없을까요."

"그러네요. 형님, 천하의 호랑이도 저런 모습을 할 때가 있는가 봅니다."

"자아, 셋째 왕자. 그만 드려다보고 어서 돌아갑시다. 아버님 걱정이 크시겠어요."

"형님들, 지금 저 호랑이는 새끼를 낳았는데 먹질 못해서 새끼들에게 젖 한 방울 주지도 못하고 어미는 배가 고파서 저렇게 쓰러져 있는 것입니다요."

첫째 왕자도 안타까운 듯이 말했습니다.

"자 어서 돌아갑시다. 돌아가서 궁중에 있는 먹을 만한 것을 보내든지 해야지 지금 우리가 들여다본다고 무슨 일이 해결되는 것은 아니니까요."

"그렇습니다. 형님 말씀이 옳아요."

그렇게 이야기를 하고 있을 때 셋째 왕자가 말했습니다.

"형님들, 호랑이는 우리 집에 있는 음식을 먹지 않아요. 저 호랑이는 살아 있는 동물을 먹고 산답니다."

"그래, 그럼 참으로 딱한 일이군요. 그렇다고 우리가 토끼나 산돼지를 잡을 수도 없고요."

"그러면 형님, 좌우지간 우리들이 빨리 돌아가서 아버님께 말씀드려서 하인을 풀어서 산짐승을 잡도록 합시다. 그렇게 해서 저 가엾은 호랑이를 구할 수 있지 않을까요?"

"으음, 그렇게 하는 것이 좋겠어요."

"두 형님들 말씀이 다 옳습니다. 그런데 지금 저 호랑이는 시각을 다투고 있습니다. 저렇게 급한 지경에 있는데 어떻게 그냥 갈 수가 있겠습니까. 아마 우리들이 궁궐에 도착하기 전에 저 호랑이와 새끼들은 죽어버릴 것입니다. 어떤 동물이든 저 호랑이를 측은하게 생각해서 저 입 속으로 먹이가 들어가지 않는 이상 저 호랑이가 먹이를 구하러 일어날 수조차도 없는 막다른 골목인 것 같습니다."
하고 셋째 왕자가 차분한 음성으로 이야기했습니다.

그러자 큰형님이 다시 말했습니다.

"그렇지만 모두가 생명을 아끼고 소중히 하는데 누가 감히 산채로 호랑이의 밥이 되어줄 동물이 있겠습니까. 그러니까 우리가 빨리 돌아가서 저 호랑이를 구해주어야 합니다."

두 분 형님들이 어서 돌아가자고 제의를 했지만 셋째 왕자는 그 말

을 따르려고 하지 않았습니다. 그리곤 호랑이가 누워 있는 주변을 살피고 있었습니다. 그리고 두 형님에게 말했습니다.

"그러면 저는 여기 있겠으니 형님들께서 빨리 돌아가서서 아버님께 말씀드려주시고 사람들을 이 숲속으로 보내도록 하세요."

"왜 같이 가지 않고요?"

"누구든지 한 사람이 여기 있어야 뒤에 오는 사람들이 이곳을 찾기가 쉬울 것 같아요."

"그것도 그렇겠군요. 자, 그럼 우리가 돌아가서 곧 해결하도록 할 테니 셋째 왕자는 좀 더 수고하세요."

하고 두 형님들은 돌아갔습니다.

호랑이를 살리려고

형님들의 모습이 보이지 않을 때 셋째 왕자는 칼을 뽑아서 대나무 가지에 걸었습니다. 그리고 여러 가지 오색찬란한 장식들을 떼어서 모두 대나가가지에 걸었습니다. 옷도 한 가지씩 벗어서 모두 대나무가지에 걸었습니다. 그리고는 실오라기 한 가닥 걸치지 않은 벌거벗은 몸으로 호랑이 앞으로 나아가서 우뚝 섰습니다. 그러나 호랑이는 큰 눈을 한 번 떴다가 감을 뿐 아무런 반응이 없었습니다. 셋째 왕자는 '아아, 이 호랑이가 눈조차 뜰 힘도 없는데, 나를 향해서 달려들 수가 없겠구나.' 고 생각을 했습니다.

왕자는 다시 언덕으로 올라와서 호랑이가 있는 쪽을 향해서 섰습니다. 그리곤 호랑이의 입 쪽을 향해서 힘껏 뛰어내렸습니다.

그러나 이게 웬일입니까.

호랑이의 입 안으로 뛰어들었던 왕자의 몸에 상처도 나지 않았을 뿐 아니라 말짱하게 살아 있었습니다.

'저 호랑이는 지금 너무 지쳐 있어서 나를 통째로 먹을 수가 없을 거야' 라고 생각한 왕자는 옆에 있는 단단한 대나무 가지를 하나 골랐습니다. 그리고 대꼬챙이로 자신의 목을 힘껏 찔렀습니다. 새빨간 피가 흘러내렸습니다. 왕자는 점점 정신이 흐려지기 시작했습니다.

왕자는 있는 힘을 다해서 몸을 이끌고 호랑이의 옆으로 갔습니다. 따뜻하고 비릿한 피 냄새를 맡은 호랑이는 살며시 눈을 뜨고 피를 받아먹었습니다. 호랑이는 차츰 정신을 차리고 기운을 얻어가면서 왕자를 통째로 먹어 치워버렸습니다.

그때 임금님이 보낸 사냥꾼들이 토끼랑 산돼지를 금방 잡아들고 '왕자님' 을 부르면서 찾아왔습니다. 그러나 그곳에는 대나무가지에 걸린 왕자의 옷과 장식들이 바람에 말없이 흔들리고만 있었습니다.

『불광』 연꽃마을 이야기 9, 1986년 5월

어머니 말씀

가방 속의 게

어느 마을에 한 청년이 홀어머니를 모시고 살았습니다. 그 청년의 직업은 목공이었는데, 나무를 재료로 하여 목기도 만들고 상도 튼튼하고 예쁘게 만들었습니다.

그러던 어느 날이었습니다. 그 청년은 목공 일에 필요한 재료를 구하고, 또 몇 가지 볼 일이 있어서 며칠 동안 먼 길을 떠나야 했습니다.

그의 어머니는 혼자서 멀리 떠나는 아들이 몹시 걱정되었습니다. 그래서 며칠 전부터 "얘야, 아무래도 혼자서 떠난다고 하니 걱정이 되는구나. 저 아랫마을에 내려가서 같이 갈 수 있는 청년 하나를 구해서 함께 다녀오려무나." 하고 말했습니다.

"어머니, 너무 염려 마십시오. 제 일인데 누가 저를 따라가겠습니까? 더욱이 산을 넘고 들을 건너야 하는 험한 길인데요. 그냥 저 혼자 다녀

오겠습니다. 어머님, 제가 어린 아이가 아니잖아요. 염려 마십시오."

"그래, 어린애는 아니지만 혼자서 길을 떠난다고 하니 걱정이 되는구나."

어머니는 혼자서 길을 떠나는 아들의 먼 길이 몹시도 불안하고 걱정이 되었습니다. 어머니는 이리저리 생각 끝에 서둘러서 강가로 나갔습니다. 그리고 큰 게를 한 마리 잡아 왔습니다. 그리고선 "얘야, 이 게라도 가방 속에 넣고서 다녀오너라."하고 게 한 마리를 아들에게 내어놓았습니다. 물론 게 한 마리를 가방 속에 넣고 간다고 해서 무슨 큰 도움이 될 리는 없지만, 어머니는 그렇게 하고 싶어 했습니다. 젊은이는 그 게를 받아서 장녹잎('장녹'은 식물이름으로 시골집의 장독대 옆이나 담 밑에 있으며, 잎이 기다랗고 넙죽하며 포도 빛 열매가 달려 있고 뱀이 좋아한다는 설이 있음)에 싸서 가방 속에 넣었습니다.

"그럼, 다녀오겠습니다. 어머님, 그동안 편안히 계십시오."

"그래, 건강히 다녀오너라."

외롭고 험한 길

가방을 어깨에 메고 나선 여행길은 실로 외롭고 고달프기만 했습니다. 외로운 나그네가 되어 산을 넘고, 들을 건너는 일이 며칠 간 계속되었습니다. 하늘은 맑고 햇빛은 밝게 드리웠지만, 먼 길을 걸어온 청년은 어느덧 피곤해지기 시작했습니다. 그늘 하나도 없는 햇볕 속에서 넓은 들을 걸어야 했기 때문에 청년은 피로하고 지칠 수밖에 없었습니다. 눈앞에는 마치 아지랑이가 피어오르는 것처럼 침침하니 잘 보이질 않았습니다.

다리도 휘청거렸고 몸이 떨렸으며 갈증이 심하게 일어나서 감히 한 발짝도 내디딜 힘이 없었습니다. 참으로 견디어 내기 힘든 괴로움이었습니다. 그렇지만 청년은 그 자리에 주저앉아서는 안 된다고 단단히 각오를 하고 천천히 계속 걸었습니다. 쓰러질 듯 쓰러질 듯……. 그러면서 청년은 이렇게도 괴롭고 힘든 것인 줄을 새삼스럽게 느끼면서 어머니의 말씀이 옳았다고 생각했습니다.

얼마만큼 걸어갔을 때 저만치에 큰 고목나무가 눈에 띄었습니다. 그 나무는 마치 파아란 나뭇잎을 머리에 가득 얹어 놓고 서 있는 것 같았습니다. 두 눈이 번쩍 뜨인 청년은 서둘러서 그 곳으로 걸어갔습니다. 나무그늘 아래에 자리를 하고 풀썩 주저앉으니 그 상쾌하고 편안한 마음은 이루 표현할 수가 없었습니다.

"야- 아, 정말로 시원하구나. 나무그늘이 이렇게 시원할 줄은 예전엔 몰랐단 말이야. 여기서 석양이 질 때까지 좀 쉬었다가 가야지…."

청년이 그늘이 드리워진 곳에서 간단히 배를 채우고 편안히 누웠습니다. 어찌나 피곤했던지 눕자마자 그대로 잠이 들고 말았습니다. 바로 그 때였습니다.

잠든 사이에

고목나무에 움푹 팬 구멍이 있었는데 그 구멍으로부터 작은 뱀 한 마리가 슬슬 기어 나오고 있었습니다. 그 뱀은, 몸은 작아도 독을 품고 있는 독사였습니다. 나무줄기를 타고 내려온 독사는 혀를 날름거리면서 청년이 자고 있는 쪽을 향해서 다가가는 것이었습니다. 그런 것도 모른 채 청년은 깊은 잠에 빠져 있었습니다.

뱀은 청년의 어깨에 닿을락 말락한 자리에 이르렀을 때 갑자기 방향을 바꾸었습니다. 가방이 있는 쪽을 향해서 기어가는 것이었습니다. 먹다가 남은 음식들이 정리도 되어 있지 않은 채 가방은 열려 있었습니다. 가방 속으로 들어간 뱀은 장녹잎파리를 먹기 시작했습니다. 장녹잎을 좋아하는 뱀은 그 향기를 맡고, 그 쪽으로 방향을 바꾼 것이었습니다. 그러나 그 장녹잎 속에는 청년의 어머니가 강가에서 잡은 게가 있었습니다.

뱀이 혀를 날름거리면서 장녹잎을 먹는 것을 본 게는 무척이나 놀랐습니다. 게는 순간 긴 가위를 짝 벌려서 뱀의 머리를 물었습니다. 그리고는 사정없이 잘라버리고 말았습니다. 몸이 두 토막이 된 뱀은 장녹잎을 채 삼키기도 못하고 죽어 버리고 말았습니다.

게는 얼떨결에 뱀을 해치기는 했으나 그만 힘을 잃고 기진맥진한

상태가 되고 말았습니다.

어머니의 깊은 뜻

저녁놀이 곱게 물들 무렵에야 청년은 깊은 잠에서 깨어났습니다.

"아이, 잘 잤다. 이젠 날씨도 선선해졌으니 길을 재촉해야지."

그 동안에 일어났던 사실을 전혀 알지 못하는 청년은 기지개를 켰습니다.

그런데 가방을 정리하려고 보니 이게 웬일입니까? 바로 자기가 자고 있던 그 옆에 두 동강이 된 채 죽어 있는 독사를 보고서야 자신의 목숨이 위태로웠었다는 사실을 알았습니다.

청년은 가방 속에 들어 있는 게를 꺼내서 손바닥에 놀려 놓고,

"게야, 너는 정말로 내 목숨을 지켜준 생명의 은인이로구나. 내가 지금부터 생명의 은인으로서 너를 대할 것이다. 고맙다. 진심으로 고맙

다." 고 말하면서 감사의 눈물을 흘렸습니다.

"내가 집을 떠날 때 내 생각대로만 했다면 나는 결코 살아서 돌아갈 수가 없었어. 어머님이 넣어 주신 이 게를 버리고 왔더라면, 나는 이미 독사에게 물려서 죽고 말았을 거야. 어머님의 깊으신 마음을 나는 도저히 알 수가 없었어. 어머님 고맙습니다. 감사합니다. 그리고 이제부터는 항상 어머님 뜻을 어기지 않고 따르겠습니다."

청년은 그렇게 생각하면서, 마치 이 세상에 두 번 태어난 듯 한 기쁨을 누릴 수 있었습니다. 얼굴 가득히 웃음을 띠우고 게에게 "나의 생명의 은인이시여, 이제 출발을 합시다. 우리는 참으로 좋은 친구가 될 것이요" 라고 말하면서 게를 가방 속에 넣었습니다.

다시 길을 떠나는 청년의 발걸음은 힘차고 가벼웠습니다.

<판짜탄뜨라에서>

『불광』 연꽃마을 이야기 10, 1986년 6월호

스타나 청년의 지혜

사냥을 좋아하는 임금님

옛날 부라마닷다왕이 나라를 다스릴 때의 일이었습니다. 그 임금님은 사냥을 매우 좋아했습니다. 그래서 어느 날 많은 사람들을 데리고 넓은 숲 속으로 사냥을 떠났습니다. 숲 속에 이르렀을 때, 임금님은 큰 소리로 말했습니다.

"자, 오늘은 사슴을 사냥하기로 합시다. 누구든지 눈앞에 사슴의 모습을 보고서도 잡지를 못하는 사람은 사슴의 졸병이라고 이름 붙일 것이요."

마침 사람들이 모여 있던 그 아래에는 사슴의 집이 있었습니다. 떠들고 웅성거리는 소리를 듣고 사슴들은 모두 일어났습니다. 그 때 아빠 사슴 한 마리가 우뚝 서서 임금님이 계신 쪽을 향해서 한 발짝 한 발짝씩 걸어오고 있었습니다.

임금님은 '으음, 저 사슴을 쏴야지. 많은 사람들이 지켜보는 곳에서 나의 활솜씨를 보여줘야지' 하고 생각하면서 화살을 당겼습니다. 그러나 사슴은 이미 모든 것을 예상하고 왔기 때문에 조금도 떨리지가 않았습니다. 임금님이 쏜 화살이 자신을 향해서 날아오고 있다는 것을 안 사슴은 빨리 쓰러져 누워 버렸습니다. 그런데 화살은 다리 쪽을 스치고 말았습니다. 사람들의 눈에는 마치 사슴이 화살에 맞아 쓰러진 것처럼 보였습니다.

임금님은, "내가 사슴을 잡았노라."
하고 큰 소리로 외치면서 사슴을 잡으러 가까이 갔습니다. 임금님이 다가갔을 때, 사슴은 있는 힘을 다해서 달아나 버렸습니다. 사람들은 임금님을 보고 웃었습니다. 무참해진 임금님은 사슴의 뒤를 쫓아가서 기어이 사슴을 잡았습니다. 기진맥진하여 돌아온 임금님은 몹시 피곤하여 견딜 수가 없었습니다. 그래서 길 가에 서 있는 커다란 무화과나무 그늘 밑에 앉아서 잠시 쉬다가 그만 잠이 들고 말았습니다.

무자비한 야차

그런데 그 무화과나무에는 마가데바라고 하는 야차가 살고 있었는데, 그 야차는 무화과나무 밑에 머무는 모든 사람이나 동물을 잡아먹고 살고 있었으며, 그것은 비사문천이란 신의 허락을 받았기 때문에 잘못하는 것이 아니었습니다.

무화과나무 그늘 아래서 자고 있는 임금님을 내려다 본 야차는 입맛을 다시면서 즐거워했습니다. 임금님이 깨어 일어나서 돌아가려고 할 때, 야차는

"잠깐, 당신은 나의 밥이란 말이야. 그런데 내 입으로 들어가셔야지 어디로 가시려고…." 하면서 손을 내밀고 막았습니다.

"그러는 너는 누구냐?"

임금님은 깜짝 놀라 말했습니다.

"나는 여기 살고 있는 야차다. 이곳에 오는 놈은 모두 먹어 치우도록 허락이 계셨노라. 또 궁금한 게 있는가?"

임금님은 어떻게 해야 할지 어리둥절하기만 했습니다. 그러다가 겨우 힘을 내서 물었습니다.

"자넨 오늘만 먹는가 아니면 항상 먹는가?"

"이 나무 밑에 모이는 것이 있으면 언제든지 먹는다."

"그럼 오늘은 이 사슴을 드시게. 그리고 나를 살려 보내준다면 내일부터는 자네가 먹을 것을 보내겠네. 그리고 남자 한 사람을 자네 먹이 배달만을 담당하도록 하겠네. 내 약속하지."

"좋도록 하라. 그러나 약속이 이루어지지 않을 땐, 당신을 먹어 치우

겠다."

"나는 바라나시의 왕이야. 나는 약속을 어기지 않는다."

궁중으로 돌아온 임금님은 야차와 약속한 것을 이야기하고 여러 대신들과 의논을 했습니다.

한 신하가 말했습니다.

"임금님, 염려 마십시오. 한 가지 좋은 방법이 있습니다요. 지금 우리 감옥 안에는 죄인들이 많이 있질 않습니까요. 그러니 매일 한 사람씩 불러내어 야차에게 먹을 것을 가지고 가도록 하는 것입니다요. 그러니 너무 염려 마십시오."

"그러면 그건 자네가 알아서 처리하도록 일임하겠네."

그 후 감옥에서 한 사람씩 불러내어서 먹을 것을 가지고 무화과나무에 있는 야차에게로 보냈습니다. 그런데 그 야차는 먹을 것을 가지고 온 죄인까지도 먹어 버렸습니다. 매일매일 한 사람씩 먹어 치웠기 때문에 바라나시 왕국의 감옥에는 죄인이 한 사람도 없이 텅텅 비어 버리고 말았습니다. 야차의 먹이를 가지고 갈 사람이 없으니 임금님은 또 걱정이 많아지고 말았습니다. 걱정을 하다가 임금님은 드디어 병이 나고 말았습니다.

그러나 한 신하가 나아가서, "임금님, 좋은 방법이 한 가지 있습니다. 야차에게 먹이를 가져다 줄 사람을 구하는 방을 전국에 돌리는 것입니다. 조건은 야차에게 먹이를 가져다 줄 사람은 많은 돈과 보물을 준다고 하시면 반드시 그 일을 할 사람이 나올 겁니다."하고 방법을 말씀드렸습니다. 임금님은 곧 그렇게 하기로 하였습니다.

지혜로운 스타나 청년

홀로 된 어머니를 모시고 있는 스타나 청년은, 이 소식을 듣고 자신이 그 일을 하기로 결심했습니다.

"어머님, 제가 다녀오겠습니다. 저는 꼭 살아서 돌아올 것입니다만, 만약에 돌아오지 않으면 이 돈으로 어머님 편안히 지내셔요."하고 공손히 인사하고 스타나 청년은 집을 떠났습니다.

임금님이 물었습니다.

"그대가 야차에게 가겠다고 한 청년인가."

"예, 그렇습니다."

"뭐든지 갖고 싶은 것이 있으면 말하라. 다 들어 주겠노라."

"임금님, 금으로 만든 구두를 주실 수 있겠습니까?"

"금으로 만든 구두라고? 그건 어디에 쓰려고 그러느냐?"

"예, 그 야차는 무화과나무 아래 땅 위에 서면 먹겠다고 합니다. 그러니 제가 그 구두를 신으면 땅 위에 발을 딛는 것이 아니니 저를 먹을 수가 없을 겁니다."

"그렇겠구나. 그 다음에 또 필요한 것이 없느냐?"

"예, 있습니다. 임금님의 양산을 좀 주시겠습니까?"

"으음, 그건 왜?"

"야차는 무화과나무 그늘 밑에 들어오는 것을 먹겠다고 하니까 양산을 받고 가면 무화과나무 그늘 밑이 아니고 양산 그늘 밑에 설 수 있기 때문입니다."

"그렇구나, 그 다음엔 없는가?"

"있습니다. 임금님의 칼을 주실 수 있겠습니까? 그것은 야차도 무기를 보면 무서워?할 것이기 때문입니다. 그리고 마지막으로 임금님의 밥그릇을 주십시오. 임금님의 황금 그릇에 먹을 것을 가득 채워서 가지고 갈 수 있도록 해 주십시오."

"으음, 그래 그렇게 하도록 하지."

스타나 청년은 야차의 먹이를 가지고 궁중을 떠났습니다. 그를 멀리서 지켜본 야차는 '오늘 오는 놈은 좀 다른 모습을 하고 오는구나. 저 놈은 참 맛이 있어 보이는데….' 하고 중얼거렸습니다.

스타나 청년은 황금 구두를 신고 무화과 그늘 가까이서 멈추었습니다. 먹을 것이 가득 든 임금님의 황금 그릇을 내려놓고 옆에 찬 칼을 뽑아서 칼 끝으로 그 주발을 밀면서 외쳤습니다.

"야차여, 어서 이 맛있는 것을 드시게. 임금님의 특별한 부탁으로 만든 요리일세."

그러자 야차는 스타나 청년을 나무 그늘로 유혹했습니다.

"여보시오. 맛있는 것을 들고 가까이 오게나. 자넨

참으로 보기 드문 미남일세. 참말로 맛있는 별미가 될 것 같아."

"야차여, 그대는 참으로 어리석구려. 내가 먹이를 갖고 온 것은 죽으려고 온 게 아니란 말이요. 내가 만일 당신에게 먹혀버리면 오늘 같은 특식을 가져올 사람이 없소. 당신은 오늘 하루만 맛있고 배부르면 내일 모레는 굶어도 좋겠습니까? 어느 쪽을 택하겠소. 맛있는 것을 항상 먹겠소, 아니면 오늘만 먹고 말 것이요. 어느 쪽이요?"

"여보 젊은이, 그만- 그만 그치시오. 당신의 말에 깊은 뜻이 있소. 당신을 돌려보내겠소. 어서 칼과 우산과 그릇을 챙겨서 돌아가시오."

"야차여, 당신은 과거에 나쁜 일을 많이 했기 때문에 야차의 몸으로 태어난 것이오. 지금부터라도 함부로 죽이지 말고 계를 잘 지키시오. 그리고 당신이 이 숲 속에 살아야 할 이유가 없으니 사람들이 살고 있는 마을로 내려갑시다. 그래야 먹을 것도 쉽게 구할 수가 있어요."

스타나 청년은 야차를 데리고 바라나시로 왔습니다.

스타나 청년은 자신이 구제한 야차를 궁궐의 성문에 앉히고 성안의 북을 쳐서 사람들을 모으고 설법을 했습니다. 그 설법을 듣고 야차도 구제를 받았을 뿐 아니라, 사냥을 즐긴 임금님도 많은 것을 깨닫고 많은 선행 공덕을 쌓았다고 합니다.

이 이야기에서 야차는 앙굴리마(살인을 일삼은 잔인한 사람이었으나 부처님의 제도를 받았음)라고 하는 부처님의 제자였고, 사냥 좋아한 임금은 아난타였으며, 스타나 청년은 부처님(석존이 되기 위해 살던 한 생애)이었다고 합니다.

<Jātaka 540의 일부>

『불광』 연꽃마을 이야기 11, 1986년 7월호

고타미 여인의 깨달음

아가야, 눈을 떠보렴

옛날 인도의 어느 마을에 고타미라고 하는 젊고 어여쁜 여인이 살고 있었습니다. 그 여인에게는 아들이 하나 있었습니다. 고타미 여인은 날마다 예쁜 아들의 귀여운 재롱 속에 푹 빠져서 시간이 흐르는 줄도 모르고 행복하기만 했습니다. 나날이 무럭무럭 자라는 아들과 함께 지내는 것은 그녀의 유일한 즐거움이었습니다.

그러던 어느 날이었습니다.

그렇게도 잘 놀던 아이가 갑자기 몸에 불덩이처럼 뜨거운 높은 열이 나더니 마침내 병이 나고 말았습니다. 병이라곤 전혀 모르며 자라던 아들이 자리에 누워 심하게 앓게 된 것입니다. 고타미 여인은 몹시 걱정이 되어서 한시도 아들의 곁을 떠나지 않고 정성껏 간호를 했습니다.

하룻밤을 꼬박 뜬 눈으로 간호했지만 아들의 몸은 싸늘히 식어버리

고 말았습니다. 귀여운 아들은 안타깝게도 죽고 만 것입니다.

그러나 고타미 여인은 죽음이 무엇인지를 몰랐습니다. 싸늘하게 식어버린 아들을 끌어안고 "아가야, 이젠 그만 눈을 떠 보아라. 이 엄마가 보고 싶지도 않니? 응, 아가야, 어서 이 예쁜 입을 열고 얘기 좀 하렴. 엄마는 네 얘기가 듣고 싶단다. 어서, 어서, 응……"하고 간절히 말해도 아들은 눈을 떠 보이기는커녕 웃음조차 짓지 않았습니다.

죽음이 무엇인지를 모르는 고타미 여인은 며칠 동안 아들을 끌어안은 채 '곧 일어나겠지. 곧 이 귀여운 얼굴에 활짝 웃음을 짓고 재롱을 부릴 테지…' 하는 생각으로 아들을 지켜보고만 있었습니다.

고타미 여인의 슬픔

고타미 여인의 가엾은 모습을 본 이웃 사람들은 눈물을 흘리면서 말했습니다.

"참으로 안된 일이지만 당신의 아들은 이제 살아나지 않아요. 그러니 정신을 차리고 아들의 명복을 빌기로 해요."

"살아나지 않다니 그게 무슨 말씀이요? 섭섭해요. 우리 아들은 지금 다만 병이 났을 뿐 입니다. 그래서 며칠 동안 누워 있는 것입니다. 이제 조금만 지나면 곧 일어나서 이 엄마를 찾고 재롱을 부릴 것입니다…"

이웃 사람들은 고타미 여인의 말을 듣고 눈물만 흘릴 뿐 어떤 위로의 말도 해주질 못했습니다.

고타미 여인은 아들의 시신을 끌어안고 거리로 나왔습니다. 그리곤 거리를 온통 누비면서 미친 듯이 외쳤습니다.

"우리 아들이 갑자기 병이 났어요. 며칠 동안을 누워 있기만 해요. 그렇게 잘 하던 말도 하지 않아요. 한 번도 웃어주지도 않고 재롱도 부

리질 않아요. 누가 좋은 약을 주세요. 우리 아기가 일어날 수 있는 좋은 약을 주세요."

사람들이 웃지도 않고 말도 못하는 것은 병들어서가 아니라 죽었기 때문이라고 타일러도, 고타미 여인은 전혀 아랑곳 하지 않고 계속 좋은 약만 구해 달라고 애원했습니다. 제 정신이 아닌 고타미 여인은 부끄러운 줄도 모르고 날마다 들과 산으로 돌아다니면서 큰 소리로 자장가를 애처롭게 부르면서 약을 찾아 헤매고 있었습니다.

그 때 고타미 여인의 구슬픈 자장가를 들은 어떤 사람이 말했습니다.

"아주머니, 제가 좋은 약이 있는 곳을 알려드리지요."

"고맙습니다, 고맙습니다. 이 은혜는 절대 잊지 않겠습니다.

"그 약을 내가 가지고 있지는 않아요. 다만 그 약을 갖고 있는 분을

알려드릴 테니, 그 분을 찾아가 보세요."

"그 분이 누구십니까? 어디계십니까? 어서 알려주십시오. 아무리 먼 곳이라도 찾아가겠습니다."

"예, 가르쳐 드리지요. 여기서 남쪽으로 향해서 가시면 제다바나라고 하는 곳이 있습니다. 그 곳에 가면 부처님이 계십니다. 그 부처님께 여쭙게 되면 구하고자 하는 약을 찾게 될 것입니다."

"감사합니다, 감사합니다."

몇 차례 인사를 한 고타미 여인은 그 길로 곧장 남쪽으로 갔습니다.

죽지 않는 약

부처님 앞에 다다른 고타미 여인은 정중히 무릎을 꿇고 자세한 말씀을 드렸습니다. 부처님께서 말씀하셨습니다.

"그 약이라면 알고 있느니라. 앵속(양귀비 과의 식물)의 씨앗을 대여섯 알먹이면 곧 일어날 것이니, 그렇게 하도록 하라."

"앵속의 씨앗이라면 그렇게 어렵지 않습니다. 곧 그렇게 하도록 하겠습니다. 부처님, 감사합니다. 감사합니다.……"

고타미 여인은 속으로 '왜 내 이웃사람들은 이렇게 간단한 것을 몰랐을까' 의아해 하며 돌아가고자 일어섰습니다.

그러자 부처님께서 다시 말씀하셨습니다.

"고타미, 잠깐만 기다려라. 한 가지 중요한 약속이 있느니라."

"예, 무슨 약속이든지 다 지키겠습니다."

"앵속의 씨앗을 구할 때 아무 곳에서나 약을 구하면 약이 안 되느니라. 옛날부터 한 사람도 죽은 일이 없었던 집에서 구한 씨앗만이 아들의 병을 낫게 할 것이니, 그렇게 깨끗한 집에서만 씨앗을 구해야 하느니라."

"예, 잘 알겠습니다."

즐거운 마음으로 마을에 돌아온 고타미 여인은 앵속 씨앗을 구하고자 했습니다. 마을의 어느 집에나 앵속 씨앗은 있었습니다. 앵속 씨앗이 그렇게 귀한 것이 아니기 때문입니다.

그러나 고타미 여인에겐 어려움이 닥치고 말았습니다.

"여보세요, 앵속 씨앗을 좀 주시겠습니까?"

고타미 여인의 부탁을 받으면 사람들은 '드리고말고요. 얼마든지 가져가세요.' 라며 말하며 친절하게 대해 주었습니다. 다시 고타미 여인이 '댁의 집에서는 옛날부터 사람이 죽은 일이 한 번도 없지요?' 라고 물으면 모두가 고개를 가로 저었습니다.

"글쎄 사람이 죽지 않은 집이 어디 있겠어요. 우리 집에서만도 이미 세 분이나 돌아가셨는데요."

"그러면 그냥 가겠습니다. 사람이 죽은 일이 없는 집에서 약을 구해야 하거든요."

고타미 여인은 발이 닳도록 온 마을을 돌아다녀 보았지만 사람이 죽지 않은 집은 한 곳도 없었습니다. 할아버지와 할머니가 돌아가신 집, 아버지와 어머니가 돌아가신 집, 아들과 딸이 죽은 집 등 ……, 어느 한 집도 사람이 죽지 않은 집은 없었습니다.

죽음에 대한 깨달음

다시 허탈해진 고타미 여인은 '겨우 대여섯 알의 씨앗만 구하면 우리 아들을 구할 수 있는데 그것을 구하지 못하다니' 하고 긴 한숨을 내쉬었습니다. 그런데 그때, 문득 새로운 생각이 떠올랐습니다.

"그렇지, 인간은 누구든지 죽는 것이야. 그렇기 때문에 어떤 집이든지 죽은 사람이 있는 것이 아닌가. 지금까지 내가 돌아다닌 집을 헤아린다면 그 숫자를 셀 수 없을 만큼 돌아다녔어. 그러나 그렇게 많은 집 가운데 한 군데도 죽은 사람이 없었던 집은 없었지.

그래, 인간은 결국은 죽게 마련이야. 다만 일찍 죽고 늦게 죽는 차이가 있을 뿐이야. 아들을 잃은 부모가 어찌 나 혼자뿐이겠는가……"

이렇게 깨달은 고타미 여인은 정중하게 합장을 했습니다.

그리고 '저는 아들이 죽은 것도 모르고 병이 났다고만 주장했던 가 없은 중생이었습니다. 그러나 지금은 그처럼 슬프지도 외롭지도 않습니다. 부처님, 앵속의 씨앗은 구하지 못했으나 큰 깨달음을 얻었습니다. 아들을 잃은 대신 큰 빛을 얻었습니다. 항상 자비로움으로 인도하여 주십시오.' 하고 남쪽을 향하여 간절하게 기도 드렸습니다.

<법구경에서>

『불광』 연꽃마을 이야기 12, 1986년 9월호

두 개의 입을 가진 공작

다투기만 하는 공작

짙푸른 녹음이 우거진 숲 속에 공작 마을이 있었습니다.

맑은 호수가 내려다보이는 숲 속 작은 언덕에서 공작들은 예쁘고 고운 날개를 활짝 펴서 무용을 해보기도 하면서 즐거운 나날을 보냈습니다.

그런데 그 공작들 가운데 한 공작은 다른 공작들과는 다른 모양을 하고 있었습니다. 몸뚱이는 분명히 하나인데 어떻게 된 일인지 입은 두 개가 달려 있었습니다. 그래서 항상 다른 공작들 보다는 행동도 느렸고 시끄럽게 싸우기도 잘 했습니다.

아침 일찍 눈을 뜨면서부터 두 개의 입을 가진 공작은 싸우기 시작합니다.

"으응– 잘 잤다. 이젠 세수를 하고 와야지."

라고 한 입이 이야기를 시작하면, 또 다른 입이

"뭐라고, 잘 잤다고? 나는 한 숨도 못 잤단 말이야. 네가 어찌나 머리를 흔들면서 드르렁드르렁 코까지 골고 자는지 나는 옆에서 잠도 못 잤단 말이야. 이젠 떠들지 말고 좀 잠자코 있어."

싸움은 이렇게 시작됩니다.

"뭐라고, 이게 또 트집이야…"

항상 두 개의 입을 가진 공작이 있는 주위는 시끄러웠기 때문에 다른 공작들은 그것을 알고 그를 피해서 자리를 잡고 놀았습니다. 어느 것 한 가지도 의견 통일이 되질 않았기 때문에 아주 작은 일까지도 말다툼이 되지 않을 수 없었습니다. 심지어는 세수하러 가는 것조차도 싸우는 것이었지요.

"오늘 아침엔 호수 저 아래쪽 햇빛이 곱게 드리운 쪽으로 가서 얼굴을 곱게 씻어 보자." 라고 말하면 또 다른 입이

"아니야, 그 쪽은 물이 맑질 못하니 동쪽으로 가자." 하면서 또 한동

안 실랑이가 시작됩니다. 서로가 고집을 부리기 때문에 작은 일도 조용히 지나치는 때가 한 번도 없었습니다.

일을 나누어 책임지다

항상 싸움으로 시간을 보내는 자신들이 안타깝고 따분하다고 생각한 한쪽의 입이 한 가지 해결 방법을 생각했습니다.

그래서 다른 입에게

"애, 우리가 항상 이렇게 싸우면서 살면 안 되겠지. 뭔가 싸우지 않고 살 수 있는 방법을 생각해 보자."

"그래, 난 뭐 싸우고 싶어서 싸우니? 언제나 네가 네 고집만 주장하니까 그렇지."

"그래 좋은 생각이 있다."

"좋은 생각이 있다고, 어디 말해봐."

"우리가 몸은 하나인데 입을 두 개 가졌기 때문에 싸우는 것이야. 그러니까 싸우지 않으려면 말이야, 우리 둘이 각각 해야 할 일을 나누어서 맡기로 하자. 가령, 세수하러 가고 놀러가고 하는 등의 모든 일은 모두 네가 책임을 지고 네 마음대로 하기로 하고, 나는 딱 한 가지 먹는 일만 하기로 하자. 그러면 우리가 각자 해야 할 일이 따로따로 정해져 있기 때문에 서로가 끼어들어 간섭하지 않을 것이기에 우리도 사이좋게 지낼 수가 있을 것 같구나."

먹는 일만 빼놓고 모든 일의 책임을 지라고 하는 제의에 또 하나의

입은 두 번 생각할 것이 없었다. 모든 권리가 자기에게 있는 것으로 생각한 입은

"그래, 그럼 지금부터 하기로 하자. 너는 먹는 일 한 가지만 네 책임이다. 그 외의 일은 모두 내 책임이니 너는 간섭하지 않기로 하는 것이야."

"그래 그렇게 하라고, 나는 이제부터 모든 것을 너 하는 대로 따를 테니까."

일단 책임을 분담하기로 했기 때문에 두 개의 입은 각기 만족스러운 표정이었습니다. 그리고 며칠 동안은 지극히 평화로운 분위기에서 즐겁게 지냈습니다.

그러나 먹는 일을 제외한 모든 것을 책임진 입이 차츰 불만이 생기기 시작했습니다. 입이란 원래 음식 먹는 일을 하는 것이 주된 일인데, 중요한 일은 해보지도 못하고 괜히 헛된 일만 하는구나 하고 생각하면서 또 다른 입에게 짜증을 부리기 시작한 것입니다.

한 입이 먹음직스러운 음식들을 아주 맛있게 먹는 소리가 들려오면, 자기도 모르게 어느새 입가에 군침이 돌고 씹어보고 싶은 간절한 생각에 잠기면서 눈가엔 눈물이 핑 돌곤 했습니다. 그러나 각자의 맡은 바 책임과 약속이 있기 때문에 얼른 입을 열고 '나도 한 입 먹어보자'는 소리를 못하고 은근히 참고 견디기로 했었습니다. 그러나 참는다는 것은 커다란 고통이었습니다. 드디어는 음식을 먹고 싶다는 생각을 견디어낼 힘이 없어졌습니다.

둘이 아닌 한 몸

그때에 다른 입은 호숫가에서 잘 익은 과일 하나를 찾아서 먹기 시작했습니다. 싱그럽고 달콤한 과일 향기가 코끝을 간질일 때, 아삭거리며 과일을 먹던 입이 "야아, 이렇게 맛있는 과일은 내 생전에 처음이구나." 하면서 즐거워했습니다.

결국 참을 수가 없었던 다른 입이 "얘, 그렇게도 맛이 있으면 나도 맛 좀 보자꾸나."하고 약속을 어기려고 말했습니다.

"뭐라고? 너 지금 약속을 어겼지 않니? 우리는 책임을 분담하고서는 지금까지 한 번도 다투지 않고 잘 지냈는데 너 지금 뭐라고 했니? 먹는 것은 내 책임이지 네 책임이 아니잖아." 하면서 큰소리로 심하게 꾸짖었습니다.

"그래, 약속을 어겼구나. 미안하다. 하지만 너무 먹고 싶어서 그랬어. 미안해." 먹고 싶은 생각을 간신히 잠재우고 며칠을 지냈으나 도저히

견딜 수가 없었던 입이 드디어 병이 나서 시름시름 앓기 시작했습니다.

그를 지켜본 입이 "애, 너 왜 그렇게 힘이 없니? 요즈음은 움직이는 것조차 싫어하고…"

"그래, 정말 살고 싶은 생각이 없어."

"뭐라고, 살고 싶지 않다니, 왜?"

"글쎄, 아무런 재미가 없어."

"재미가 없어? 무슨 재미가…"

"나 요즈음 많이 생각해 봤는데, 나는 지금 살고 있지 않다는 생각이 들어. 너도 생각해 봐라. 입이란 것은 음식을 먹기 위해서 있는 것인데 먹을 수가 없으니 있어도 없는 것이나 마찬가지 아니니? 그러니까 살고 싶은 생각이 없는 것이야."

"아니야, 그건 달라. 우리는 입만 두 개일 뿐 몸뚱이는 하나야, 위가 하나인데 두 입이 먹어봐라 위가 꽉 차서 터질지도 모르니 두 개의 입이 먹는 것 보다는 한 개 입이 먹는 것이 좋아. 그렇지 않니?"

"그래, 네 말이 옳긴 옳아, 그렇지만 입이 먹는 일을 못한다면 차라리 없는 것이 나아. 내가 없고 너 혼자만 있는 것이 좋을 거야. 그래서 하는 이야기인데 내 입은 독을 마시고 죽어버릴테니까 네가 혼자서 네 마음대로 하고 잘 살아라. 그렇게 하는 것이 좋을 것 같아."

"뭐, 뭐라고. 너 지금 뭐라고 했니? 독을 마시고 죽겠다고 이 바보야. 독을 마시면 네 입만 죽고 만다고 생각하니? 그러면 우린 망한다. 이 바보야, 몸뚱이가 하나인데 어떻게 너만 죽고 나는 살아남을 수가 있겠니?"

"얘, 바보바보 하지 마. 듣기 거북해. 너도 생각 좀 해봐라. 내 입이 어디 너하고 다른 곳이 있니? 너하고 똑같은 입인데 너는 항상 맛있는 것만 먹고 즐기는데 내 입은 이게 뭐니. 너 먹는 것 물끄러미 바라보기나 하고, 그러니 너하고 똑같이 할 수 없다면 차라리 죽어 주는 것이 너에게도 도움이 될 거야. 자, 어디 내 말이 틀렸니?"

하고 아주 차분하게 이야기했습니다.

그 이야기를 듣고 다시 생각해 본 다른 입이

"그래, 네 이야기를 듣고 생각해 보니 네 이야기가 맞는구나. 내가 네 입장은 조금도 생각해 보지 못해서 미안하다. 결국 우리는 둘이 아닌 한 몸인 것을 잊으면 안 되는 거야, 그러니까 이제부터는 서로서로 조금씩 양보하고 이해하면서 살기로 하자. 그동안 정말로 미안했다. 자 이제부터는 싸우지도 말고 사이좋게 살아 보자."

그 후로 두 개의 입은 다툼을 그치고 오순도순 재미있게 살았습니다.

『불광』 연꽃마을 이야기 13, 1986년 8월호

장님과 코끼리

애처로운 장님 할아버지

옛날 한 임금이 있어 나라를 매우 잘 다스렸는데 사람들은 그 임금님을 경면왕이라 불렀습니다. 임금님은 날마다 모든 백성들이 어떤 어려움 속에 살고 있는지, 왕이 돌봐주어야 할 일이 무엇인지 등 세심하게 살피면서 나라를 다스렸습니다. 거의 매일 궁중으로 많은 백성들을 초대하여 맛있는 음식을 대접했고, 백성들의 살아가는 이런저런 걱정거리를 직접 듣기도 했습니다. 그러다가도 때로는 임금님께서 몸소 궁궐을 나와 백성들이 사는 마을을 걸어 다니시며 백성들의 생활 모습을 살펴보기도 했습니다.

그러던 어느 날이었습니다. 신하 몇 사람을 거느리고 마을로 내려와 이곳저곳을 유심히 살펴본 임금님은 궁궐로 돌아가는 길목에서 한 채의 낡은 집을 발견하고 그 집안을 둘러 보셨습니다. 금방이라도 쓰러져

버릴 것 같은 작은 집 앞마당에는 온갖 꽃들이 예쁘게 피어 있었고 햇빛이 마당 가득히 넘치고 있었습니다. 그러나 집 안에는 아무도 없는 것처럼 고요 했습니다.

"이 댁에 아무도 안계십니까?"

가장 나이 많은 신화가 말했습니다. 그때 어디선가 힘없는 목소리가 들려 왔습니다.

"예, 누가 오셨습니까요. 이 집에는 제가 있지요. 그러나 있어도 없는 것이나 마찬가지인 사람일 뿐입니다."

소리가 나는 쪽에는 어린아이만큼이나 작은 한 사람이 앉아 있었습니다.

"여기 임금님께서 오셨습니다."

"뭐라고요, 임금님께서 오셨다고요. 무슨 그런 말씀을 하십니까? 그렇게 놀라게 하시면 안 됩니다."

그 음성은 몹시도 우울하게 들렸습니다. 결코 헤어날 수 없는 슬픈, 절망의 쇠창살에 갇혀 있는 것 같았습니다.

"임금님께서 이런 누추한 집에 오실 까닭이 없습니다. 그렇고말고요. 이렇게 보잘것없는 늙은이가 살고 있는 데를 어떻게 임금님께서 오실 수가 있겠습니까? 그런 소리를 함부로 하면 안 됩니다. 아무리 앞 못 보는 장님이라 해서 임금님을 빌어 멀쩡한 사람을 놀래키면 그것도 또한 큰 죄가 되는 것입니다요……."

쭈그리고 앉아 있는 할아버지는 거침없이 이야기를 계속 했습니다.

가까이 다가간 임금님은 앞을 못 보는 장님 할아버지의 딱한 모습을 물었습니다.

"할아버님! 이 집에서 혼자 사시는지요?"

"아닙니다요. 지금은 혼자 이지만 저녁이 되면 아들놈이 돌아옵니다요."

"예, 그러세요. 그렇다면 조금은 안심입니다만……."

"그런데 당신은 누구 십니까요? 누구시기에 그렇게 관심을 가져주시는지요. 정말 임금님이십니까?"

"예, 그렇습니다. 좀 더 일찍 찾지 못해서 죄송합니다."

그제야 할아버지는 어쩔 줄 몰라 안절부절못해 했습니다. 그러나 장님 할아버지의 태도는 한결같이 겸손해 보였습니다.

"할아버님, 언제부터 그렇게 앞을 못 보게 되셨는지요?"

"임금님, 이 눈은 제가 세상에 태어날 때부터 지금까지 한 번도 세상을 본 적이 없습니다. 실로 죄 많은 인생이옵니다. 날마다 한자리에 우두커니 앉아 꽃도, 하늘의 뭉게구름도……. 어찌 살았다 하겠습니까마는……."

실로 애처로운 광경이 아닐 수 없었습니다.

경면왕은 즉시 한 신하에게 명령했습니다.

"자네에게 부탁하겠네. 당장 전국에 있는 장님들의 수를 조사하여 적당한 기회에 날을 잡아 장님들을 모셔다가 성대한 잔치를 베풀도록 하게."

"임금님, 어찌 장님들에게까지 잔치를 베푸시려 하십니까?"

"으음, 그건 다 뜻이 있어서 그러는 것이니 잠자코 내 뜻을 따라주시오. 또한 장님은 장님이되 태어날 때부터 앞 못 보는 장님만을 부르도록 하게나."

마침내 장님들의 잔칫날이 되었습니다. 나라 안의 장님, 그 중에서도 태어날 때부터 눈을 못 뜬 장님들이 모여들기 시작했습니다. 온갖 맛있는 음식을 충분히 마련해서 대접을 아주 극진히 했습니다. 그리고 선물로 비단 옷까지 잔뜩 준비해 놓았습니다.

임금님은 장님들을 며칠 동안 잘 먹고 편히 쉬도록 해 주셨습니다.

장님들이 궁궐을 떠나려고 하던 날 아침 임금님은 신하들을 다시 불렀습니다.

"이 궁궐에서 가장 큰 코끼리를 끌어다 놓고 저 장님들에게 만져 보도록 하시오. 또 그 코끼리가 어떻게 생겼는가를 들어 보도록 합시다."

이윽고 큰 코끼리 한 마리를 끌고 온 신하는 장님들께 말했습니다.

"여러분, 여기 코끼리라고 하는 동물이 있습니다. 여러분 각자의 손으로 만져 보시고, 과연 코끼리는 어떻게 생겼는지를 제각기 말씀해 보십시오."

그 신하는 한 사람씩 코끼리가 있는 곳으로 안내했습니다.

코끼리 앞에 선 장님들은 코끼리를 만지기도 하고, 귀를 대어 보기도 하며……. 코끼리를 만졌습니다. 한참 후에 임금님은 장님들 앞에 나아가 물었습니다.

"여러분은 방금 코끼리라 부르는 동물을 만져 보았습니다. 근데 그 코끼리란 동물은 어떻게 생겼다고 생각하십니까?"

"예, 제가 말씀드리지요. 제가 보기엔 코끼리는 둥근 통 같았습니다."

"아니에요. 저는 둥둥둥 치는 북과 같았습니다."

"저로선 굵은 밧줄같이 생겼다고 봅니다."

서로가 자신들의 의견을 주장하더니 마침내는 큰 소리로 각자 자기의 주장이 옳다고 싸우려는 것이었습니다. 온통 아수라장이 되어버린 광경을 지켜 본 신하들은 서로의 얼굴을 바라보면서 큰 소리로 웃었습니다.

그때 임금님께서 신하들을 향해 말했습니다.

"이것은 웃을 일이 아니요, 자신이 만진 그 부분을 코끼리의 진짜 모양인양 믿고 주장하는 것처럼, 눈을 뜬 사람들은 진리의 세계에서 장님이 되어 있음을 모르고 살고 있음이요. 내가 오늘 장님들에게 코끼리를 만지도록 한 까닭은 우리들이 욕심에 의해 가려진 눈을 가지고 살아가고 있음이 바로 장님들이 만진 코끼리의 모습과 꼭 같다는 것을 여러분에게 일깨워 주고자 했던 것이요. 오늘의 깨달음이 있다면 여러분의 앞날에 밝은 지혜의 눈이 뜨여지길 바라오." (여기서 경면왕이라 하는 임금님은 석존의 전생 중 하나였다고 한다.)

<우타나 6. 4 六度集經 八卷>

『불광』 연꽃마을 이야기 14, 1986년 10월호

어느 여인의 착각

아름다운 여주인

옛날 어느 부잣집이 있었습니다. 그 집안의 젊은 여주인은 그 얼굴이 매우 아름다워서 누구든지 그 여주인을 보기만 하면 뛰어난 미모에 감탄하지 않는 사람이 없었습니다. 우유빛같은 흰 얼굴에 커다란 두 눈이 별빛처럼 영롱했고 오똑 솟은 코와 인형 같은 입술이 너무나도 예쁜데, 거기다가 포근하고 잔잔한 미소를 잃지 않는 그 얼굴은 보는 사람들의 마음을 온통 사로잡아서 누구든지 그 여인의 아름다움을 칭송하였습니다.

그러나 그토록 모든 이들로부터 칭찬 받던 아름다운 미인도 때로는 괴로움을 당하게 되나 봅니다. 그것은 부처님의 말씀대로 이 세상은 '괴로움의 바다' 이기 때문에 누구도 피할 수 없는 고통인지도 모릅니다. 그래서 그 아름다운 젊은 여인에게도 괴로움의 파도는 쉼 없이 출렁이고 물결쳐 왔답니다.

여주인의 싸움

어느 날 아침 일찍부터 시어머님하고 시비가 벌어졌습니다. 물론 큰 일이 아닌, 아주 사소한 일로 시작이 되었습니다. 처음에는 조용조용 이야기로 시작했는데 시간이 지나자 둘이는 감정이 엇갈렸고 큰 소리로 목청을 돋우게 되었습니다. 결국 아주 작은 일로 시작된 언쟁이 드디어는 온 집안을 뒤죽박죽이 되리만큼 큰 싸움으로 변해 버렸습니다. 작은 언쟁도 없었던 집안에서 큰 소리로 싸우는 것을 본 온 마을 사람들이 모두 어리둥절하기만 했습니다.

물론 그 예쁘고 아름다운 여주인도 그렇게 싸워본 것은 처음 이였습니다. 한동안의 소란이 끝난 후 집안은 예전처럼 조용해졌지만 그러나 예쁜 여주인의 마음속은 그렇게 쉽게 조용해지질 않았습니다. 오히려 언성을 높여 싸울 때보다도 더 마음이 소란해지고 견딜 수 없는 슬픔이 마음을 꽉 죄는 것만 같았습니다. '내가 왜 그까짓 것을 견디지 못하고 언성을 높여 싸웠을까, 이제는 동네사람들을 창피해서 어떻게 대할까?' 하는 등등의 생각이 연이어서 일어나니, 젊고 아름다운 여주인은 자기 스스로에게 대해서 몹시 화도 났고 또한 자기 자신이 창피하여 견딜 수 없는 괴로움에 깊이 빠져들기 시작했습니다.

그렇게 괴로움에서 헤어 나오질 못하던 그 여인은 드디어 '아니야, 이건 정말로 창피해서 살 수가 없어. 어떻게 내가 그렇게 얼굴을 붉히

면서 언성을 높이고 싸웠는지 몰라. 그것은 내가 내 정신으로 한 행동이 아니었어. 구경꾼들이 그렇게 많이 몰려와서 구경을 했는데 내가 어떻게 얼굴을 들고 살 수가 있겠어. 나는 차라리 죽어 없어져야 마땅해…….' 하는 생각만을 곰곰이 한 그 여주인은 드디어 죽음을 결심하고 집을 나갔습니다.

호숫가의 이웃집 여인

뒷산에 닿으려면 맑은 호수가 있고 그 옆에는 마을 사람들이 먹는 옹달샘이 있었습니다. 또한 그 호수 옆에는 큰 고목나무가 버티고 서 있는 곳이 있었는데 그 여주인은 드디어 호수를 찾아갔습니다.

'옳아, 저 나무 위에 올라가서 있다가 밤이 되어 사람들이 물 길러 오지 않을 때 이 호수 위로 뛰어 내리서 나는 죽고 말거야' 라고 생각하

면서 고목나무 위로 올라가 앉아서 해가 지고 저녁이 오기를 기다렸습니다. 한동안 잠자코 앉아서 시간을 기다리고 있을 때 뚜벅뚜벅 발자국 소리가 들려 왔습니다.

이웃집에 살고 있는 여인이 물동이를 들고 물을 길러 오고 있었습니다. 그런데 그 여인은 얼굴이 너무나도 밉고 무섭게 생겨서 동네 아이들도 그 여인만 보면 달아날 정도였습니다. 그래서 그의 남편에게도 항상 '못난 것', '못생긴 것'이라고 구박을 받고 자기의 얼굴에 심한 열등감에 사로잡혀 살고 있는 여인이었습니다. 호수 가에 이르러서 물동이를 내려놓고 앉았습니다. 언제나처럼 호수 위를 내려다보면서 자신의 못생긴 얼굴을 한탄하면서 앉아 있었습니다.

그러나 이게 웬 일입니까. 호수 위에 떠오른 자신의 얼굴은 어제 보였던 얼굴이 아니었습니다. 예쁘고 아름다운 얼굴이 조용한 미소를 지으면서 물위에 비쳤습니다. 깜짝 놀란 여인은, '아니, 이게 웬 일이야. 부처님도 내 뜻을 알아주셨구나. 아이고, 부처님. 부처님 고맙습니다. 어쩌면 이렇게 예쁜 얼굴을 갖도록 해주셨습니까요. 부처님, 정말로 열심히 일하고 이웃을 돕겠습니다. 이렇게 가엾은 저의 정성을 저버리시지 않고 은혜를 베풀어 주신 부처님을 더욱더 잘 받들어 모시겠습니다.' 고 말하면서 그 여인은 허리를 구부려서 정성스럽게 절을 한 뒤 단숨에 자기 집으로 달려갔습니다.

대문에 채 들어서기도 전에

"여보, 당신 좀 나와요. 이리 나와서 나를 좀 보세요. 나는 이제 어제의 내가 아니오, 못생긴 못난이가 아니라 당신이 보시면 깜짝 놀랄 미인이 되었단 말이요, 어서 나와 보세요. 이 예뻐진 얼굴을요. 그리고 지금부터는 당신을 내가 구박해야겠어요. 자 보셔요. 이 아름다운 얼굴을……"

마치 시냇물 흐르듯이 이어지는 흥분된 아내의 이야기를 듣고 남편은 깜짝 놀라서 나왔습니다.

"아니 여보, 당신 왜 이래요. 어디 아프오, 자 머리 좀 짚어봅시다. 혹시 열이 난 것이나 아닌지."

"여보, 당신도 놀라시는군요. 아암 그래야지요. 나도 내 얼굴이 이렇게 예뻐진 순간 까무러칠 정도로 놀랐거든요. 자 보세요. 얼마나 예뻐졌어요. 그동안 하루도 거르지 않고 나는 물 길러 가면 호숫가에 앉아 기도했어요. 과연 원력이 성취되었어요. 나도 당신같이 못생긴 남자하고는 못살겠어요. 그러나 나는 당신에게 구박도 않고 잘 살려고 노력하겠어요. 그렇지요. 정말 당신이 놀라시는군요. 그러셔야지요."

이웃집 여인의 착각

심히 걱정이 된 남편은 잠자코 서 있었습니다. 한참후에

"그런데 당신 물동이는 어떻게 하고 혼자서 왔소."

"아아, 내 정신 좀 봐요. 물동이를 놓고 왔네요. 가서 가지고 오겠어요."

"아니요. 물은 내가 가서 길러 올 테니 당신은 방에 들어가서 좀 쉬시구려. 그동안 쉬질 못해서 당신이 병이 난 것 같구려. 자 어서 들어가요."

"아니어요. 나는 아무렇지도 않아요. 병은 무슨 병이어요. 너무나도 기쁜 마음을 억제하지 못해서 그래요. 이렇게 예뻐진 얼굴을 보고 기뻐하고 당황해하지 않는 사람이 어디 있겠어요. 그렇지 않아요?"

"으응, 알았소. 그러니 어서 좀 쉬고 진정을 하도록 해요."

"물 길러 같이 가요. 내 예쁜 얼굴 자랑도 할 겸 해서요. 나는 이 달라진 얼굴을 보여주고 자랑하고 싶거든요."

심히 걱정이 된 남편은 부인과 같이 호숫가로 나가면서 '저 사람이 심한 정신병에 걸렸음이 틀림없어. 내가 괜히 평소에 못생겼다고 핀잔을 준 것이 원인이 되었구나. 저 사람에게 병이 들도록 한 사람은 바로 나로구나' 하고 생각하며 무겁게 발걸음을 옮겼습니다.

노을이 붉게 타는 호수는 너무나도 아름다웠습니다. 잔잔한 호수 위에 여전히 비치고 있는 얼굴은 부잣집 젊은 여주인의 얼굴이었습니다. 고목나무 위에 앉아서 조용히 저녁노을을 바라보는 그 얼굴이 호수의 수면 위로 맑게 빛나고 있었습니다.

"아씨, 아씨가 어떻게 여기까지 오셨는지요."

남편이 고목나무 위에 앉아 있는 부잣집 여주인을 보고 허리 굽혀 인사할 때 한 순간 착각을 일으켰던 여인은 조심스럽게 자기의 얼굴을 쓰다듬고 있었습니다.

<대장엄론경에서>

『불광』 연꽃마을 이야기 15, 1986년 11월호

은혜를 잊은 사람

평화로운 숲속의 원숭이

옛날 어느 숲속 깊은 곳에 한 마리의 원숭이가 평화롭게 살고 있었습니다. 그 숲 속에서 태어나서 그 곳을 한 번도 떠나 본 적 없이 어른 원숭이가 될 때까지 살았기 때문에 숲 속에 있는 모든 것들과도 친하게 지냈습니다. 커다란 나무에서부터 작은 돌멩이까지 어느 것 한 가지 친숙하지 않은 것이 없었고, 숲 속을 나르는 온갖 새들이며 흘러가는 구름까지도 이 원숭이에겐 매우 친절한 친구였습니다. 그렇기 때문에 이 원숭이는 일찍 어머니와 아버지를 여의고 혼자서 살았어도 쓸쓸하거나 외롭지 않았습니다.

새들의 노래 소리와 함께 숲속에 아침이 찾아오면 원숭이의 하루일과도 시작이 됩니다. '야아, 벌써 날이 밝았구나. 어서 일어나서 세수하고 아침을 먹고는 저쪽 계곡에 들려서 놀다 와야지…….' 서둘러서 아침을 끝내고 계곡을 향해서 찾아갑니다.

대단히 건강한 몸을 지녔고 또 힘도 세기 때문에 누구든지 원숭이를 처음 본 이들은 무서워서 오들오들 떨거나 오히려 멀리 달아나 버릴 정도입니다. 그럴 때마다 원숭이는 '어이 여보세요. 왜들 그러십니까. 내가 그렇게도 무섭습니까? 자, 그만 떨고 나를 좀 유심히 바라보아 주세요. 나는 그렇게 포악하거나 잔인하지 않아요. 다만 부모님으로부터 이어받은 이 몸이 너무 클 뿐입니다. 미안합니다. 아직도 많이 부족합니다.' 하면서 몹시 미안해하곤 했습니다.

계곡을 향해서 걸을 때마다 발밑의 돌멩이들에게 원숭이는 말했습니다.

"친구야, 미안하다. 내가 너를 밟으면 오죽이나 아프겠니. 그렇지만 내가 살짝살짝 밟고 지나 갈 테니 조금만 참고 견디어 주길 바란다."

"아니에요. 원숭이 아저씨. 아저씨가 참 기분이 좋아요. 그러니 걱정 말고 지나가세요."

"야아, 기분이 좋다고. 아니 그게 무슨 이야기야! 이 거대한 몸이 자네를 무참하게 짓밟고 가는데 아프지가 않단 말이야……."

"예예, 정말 아프지가 않아요. 오히려 우리들은 매일 매일 원숭이아저씨가 오셔서 우리를 밟아주시길 바라고 있는걸요."

"자네들은 참 이상하군, 이 아저씨는 그 뜻을 이해할 수가 없단 말이야."

"아유, 그럼 이야기해 드릴게요. 아저씨가요 우리를 밟은 순간은요 우리를 몸이 따뜻해집니다. 마치 엄마 품속에 있을 때 같거든요. 그리고 전혀 무거움을 느끼지도 못하고요. 그래서 우리들은 날마다 날마다 아저씨의 따뜻한 발로 짓밟혀지기를 기다리고 있어요. 그렇지 친구야."

"으응, 그래 네 이야기가 하나도 틀리지 않았어. 정말이구 말고."

"그랬어, 자네들이 그렇게 생각해 준다니 정말 고맙고 또 고마울 뿐이군. 그래 자네들 같은 친구들이 이 숲 속에 쫙 있는데, 이렇게 좋은 곳이 어디에 또 있겠는가. 여기가 바로 극락임이 틀림이 없을 거야……."

큰 바위 아래 사람이……

매일 어느 계곡을 찾아 가든 원숭이는 모두들에게 기쁘게 환영을 받으면서 하루하루를 보람차게 지내고 있었습니다.

숲 속의 돌멩이들과 이야기를 하고 있을 때 계곡 저쪽에서 이상한 소리를 들려 왔습니다. 그 소리는 숲 속 친구들의 소리가 아니었고 처음 듣는 소리였습니다.

마침 그쪽에서 날아온 산새 한 마리가 "원숭이 아저씨, 계곡 저쪽에요 어떤 사람이 길을 잃었는지 헤매면서 이상한 소리를 하고 있어요." 하면서 지나갔습니다.

"옳지. 사람의 소리임에 틀림이 없어" 하면서 원숭이는 재빠르게 그쪽을 향하여 달려갔습니다.

과연 그 사람은 기진맥진해 큰 바위아래 쓰러져 있었습니다.

"여보세요. 이 깊은 숲 속에 웬 사람이요." 하면서 흔들어 보았으나 그 사람은 이미 정신을 잃었는지 아무런 대답도 하질 않았습니다.

원숭이가 빨리 달려가서 물을 떠다가 그 사람의 입에 대어주었습니다.

한참 후에야 정신을 차렸는지 희미하게 눈을 떴습니다.

"이제야 정신이 드십니까요. 댁이 어디 십니까요. 제가 모셔다 드리겠어요."

하면서 원숭이는 공손히 말했습니다. 그 사람은 손으로 자기 집 쪽을 가리키기만 했지 기운을 차리지 못해서 말은 못했습니다.

"아아, 이거 힘이 없으시군요. 잠깐만 계십시오. 제가 드실 것을 좀 마련해 오겠습니다요."

조금 후에 원숭이는 잘 익은 과일을 들고 와서 내밀었습니다.

"자, 어서 드십시오. 산 속에는 잡수실 것이 변변치가 못해요. 우선 이 과일을 드시고 기운만 좀 내 주십시오."

했습니다. 그 과일을 받아먹은 사람은 드디어 정신을 차렸고 이야기도 잘 했습니다.

"저 여러 가지로 폐를 많이 끼쳤습니다. 원숭이님이 아니었으면 저는 이 숲속에서 죽었을지도 모릅니다. 어떻게 길을 잘못 들어서 고생을 많이 했습니다. 고맙습니다. 원숭이님 저를 구해주신 생명의 은인이십니다. 이 은혜를 꼭 잊지 않고 크게 보답하겠습니다."
하면서 몇 번이나 머리를 숙여 공손히 인사를 했습니다.

"너무 그러지 마십시오. 저는 제가 할 일을 했을 뿐입니다. 오늘은 아직 힘도 없으실 테니 제기 이 숲속 입구까지 모셔다 드리겠습니다. 그러니 어서 제 등에 업혀 주십시오."

원숭이가 등을 내밀자 그 사람은 못 이기는 척하면서 등에 업혔습니다.

"원숭이님 정말 이 은혜는 잊지 않겠습니다. 보잘 것 없는 저를 끝까지 보살펴 주시니 더욱 더 잊을 수가 없습니다. 언제든지 틈을 내시어 저희 집에도 한 번 내려와 주십시오. 오늘의 이 은혜를 꼭 잊지 않고 갚겠습니다. 예, 꼭 그렇게 하겠습니다요. 아니 동네잔치를 열고 내가 그 잔치마당에 주인공으로 원숭이님을 초대하겠으니 그 때는 꼭 내려와 주시기로 약속을 합시다. 내가 내려가서 잔칫날을 정하여 소식하겠습니다."

"고마우신 말씀이십니다만 저는 사양하겠습니다. 그 말씀만으로도 잔치에 다녀온 만큼이나 기쁩니다요."

"사양하다니 그게 무슨 말입니까 모처럼의 마음을 그렇게 받아드려서 말이 됩니까?"

"아닙니다요. 저는 한시도 이 숲 속을 떠나질 못합니다. 숲 속의 친구들을 두고 저 혼자서 잔치를 받을 수가 없어요. 이 숲속의 모든 것들이 저의 가족들이나 다름이 없어요."

내가 이 사람을 구제하도록……

어느덧 숲 속을 빠져 내려오게 되었습니다.

"자, 이제 숲이 아니니 나 혼자서도 충분히 우리 집에 갈 수가 있겠어요. 여기서 내려주시오."

"예, 그렇게 해드리지요."

원숭이는 그 사람을 내려놓고 조금 앉아서 쉬었습니다.

피곤해진 원숭이는 사람이 떠나기도 전에 어느덧 그 자리에 쓰러져

서 졸다가 깊이 잠이 들고 말았습니다.

깊은 잠에 빠진 원숭이를 물끄러미 바라본 그 사람은 순간 배가 고프기 시작하면서 마음속으로 '저 원숭이 고기를 먹으면 맛이 있겠어.' 하는 생각이 불현듯 일기 시작했습니다. 그 사람은 자기도 모르게 옆에 있는 큰 돌을 들어서 원숭이의 머리를 향해 호되게 내리쳤습니다.

그 돌이 떨어지는 순간 원숭이는 생각했습니다. '이 사람을 내 힘으로 구제할 수가 없어요. 좀 더 수행해서 내가 이 사람을 꼭 구제하도록 해 주십시오.' 라고 기도하면서 세상을 떠났습니다. (이 때 원숭이는 부처님의 전생 중 한생 이였고, 그 사람은 제바달다였다고 합니다.)

<육도집경에서>

『불광』 연꽃마을 이야기 16, 1986년 12월호

재물로 쓰일 말의 가르침

평화로운 마을의 제사

옛날 인도의 히말라야 산기슭, 어느 양지바른 골짜기에 자리했던 평화로운 한 마을에서 있었던 이야기입니다. 그 마을에서는 해마다 마을의 평화로움과 행복함을 지키기 위해서 온 마을 사람들이 참석하여 성대한 제사를 올리는 일을 계속해 왔습니다.

만일 제사를 올리지 않을 때에는 마을의 행복과 평화를 송두리째 빼앗기고 말 것이라는 전설이 오래 전부터 내려오고 있었다합니다. 그래서 온 마을이 내려다보이는 뒷산 양지바른 언덕에는 높이 쌓인 제단이 마을을 지키고 있는 것처럼 버티고 있었습니다.

뿐만 아니라, 이 마을의 촌장이면 누구든지 아침저녁으로 그 제단을 말끔하게 청소하는 일을 게을리 할 수 없게끔 되어 있었습니다. 제단에 제사를 올릴 때에는 살아 있는 말의 목을 베어서 붉은 피가 뚝뚝 떨어지는 것으로 올려야 했습니다. 물론 말을 고를 때에도 온 마을에서 제일 크고 기름진 말이 재물이 되는 것이었습니다.

제사를 앞둔 일주일 전부터 마을은 온통 축제 분위기로 술렁거리기 시작하고, 사람들은 무슨 명절이 다가오는 것처럼 싱글벙글거리면서 마을을 누비고 다녔습니다. 제사를 처음부터 끝까지 준비하고 주관하는 사람은 물론 촌장이었습니다.

촌장은 각 가정에서 기르는 말들을 한 곳으로 모았습니다. 그리고 동네 어른들을 모시고 제사에 올릴 영광스런 말을 고르는 것입니다. 촌장이 손수 기른 말이 다른 말들보다도 유난하게 크고 포동포동 살이 쪘으며 눈이 부시도록 털끝이 반짝였습니다.

재물로 산 말의 목을……

마을사람들은 촌장에게 박수를 보내면서 영광을 축하해 주었습니다. 제물로 뽑힌 말은 그날부터 더욱더 정중한 대우를 받으면서 제단으로 올라갈 준비를 하게 됩니다. 잘생긴 미남 청년들이 맛있는 먹이를 날라다주고 털끝 하나하나를 어루만지면서 예쁘게 장식을 하게 됩니다.

몸에는 아주 잘 어울리는 비단으로 옷을 지어 입히고 긴 목에는 향기 짙은 예쁜 꽃들로 꽃목걸이를 만들어 걸어 주었습니다. 제사를 하루 앞둔 날 밤 말을 곱게 길렀던 촌장은 말이 있는 곳으로 갔습니다. 그동안 소중하게 길렀던 말이었기에 조용히 등이라도 한 번 쓰다듬고 싶은

마음에서 이었습니다. 모든 준비를 마친 말은 아름다운 비단옷과 예쁜 장식을 걸고 있었습니다.

촌장의 따뜻한 손길이 등을 쓸어내려갈 때 말은 어느덧 두 눈에서 큰 눈물이 흘러내리고 있었습니다. 그것을 본 촌장은

"내가 너를 곱게 길러서 이렇게 영광을 얻고, 온 마을의 평화를 지킬 수가 있게 되다니 정말로 기쁘지만, 너와의 이별이 또 한편으론 섭섭하기 짝이 없구나."

차분하게 가라앉은 촌장의 음성을 가만히 듣고 있던 말은 별안간에 '이 히히~~힝' 하면서 웃었습니다.

오백 아흔아홉 번의 생

촌장이 깜짝 놀랐다.

"주인님, 너무 놀라지 마십시오. 그리고 제 말씀을 좀 들어 주십시

오. 저는 내일을 얼마나 손꼽아 기다렸는지 아십니까. 참으로 수없이 많은 날을 두고 기다렸고 고대했던 날이었습니다. 저도 옛날 옛날에는 주인님과 같이 이 마을의 촌장이었던 때가 있었지요. 주인님하고 똑같이 마을 축제 때 제사를 올려서 이 마을의 평화와 행복을 지킨다는 전설을 믿고, 전통을 이행하고자 살아있는 말의 목을 쳐서 따뜻한 피가 흐르는 말목을 제단에 올려놓고 제사장으로 제사를 올렸습니다. 그러나 살아있는 말의 목을 친 대가는 너무나도 엄청났습니다. 나는 그 동안 599번의 삶을 넘나들었습니다. 이제 내일로 육백생의 몸을 바치면 살아있는 말의 목을 쳐서 제단에 올린 죄의 값을 청산하고 진정으로 자유로운 몸이 될 것입니다. 주인님 지금 제가 흘리고 있는 이 눈물은 슬픔의 눈물이 아니옵니다. 기쁨의 눈물이며 육백생의 기나긴 시간동안 무던히 견디고 참아온 기쁨의 눈물일 뿐입니다. 주인님 고맙습니다. 저의 무겁고 두터운 업력을 내일로 끝을 맺어주시다니 정말로 고맙습니다."

말의 이야기를 듣고 있던 주인은 "네 말을 듣고 보니 너를 죽여서 제단에 올릴 수가 없구나. 차라리 이 촌장인 내가 이 마을에 전해 내려오는 전통을 어겨서 촌장을 내놓더라도 너를 죽일 수는 없구나."

"아닙니다. 주인님, 주인님이 저를 죽이지 않으셔도 저는 어쨌든 죽도록 되어 있습니다요. 다만 한 가지 부탁드릴 것은 내일 아침 일찍 사람들을 모아 주시고 저를 끌어다 주십시오. 제가 드릴 말씀이 있습니다요."

다음날 아침 일찍 촌장은 마을 광장에 사람들을 모우고 말을 끌고 나갔습니다. 말이 나타나자 사람들은 손뼉을 치면서 감탄했습니다. 말은 사람들 앞으로 나아가서 어젯밤 촌장님께 드렸던 이야기를 했습니

다. 그리고는

“여러분 단 한 번 제물로 쓸 말의 목을 친 죄과를 치르는데 저는 오백 아흔아홉 번의 몸을 바꿔옵니다. 많은 삶의 옷을 갈아입으면서 느꼈던 고통과 괴로움을 어떻게 다 입으로 표현할 수가 있겠습니까. 그러나 이제는 오늘로 육백 번의 생을 매듭해서, 칼을 휘둘러서 살아 있는 목숨을 해친 죄의 값은 청산이 됩니다. 이제는 자유로운 몸이 되어서 마음이 편하게 되었으니 이 어찌 기쁘지 않겠습니까.”

‘이 히히-힝’ 말의 웃음소리만이 온 마을에 퍼지고 있을 때 여기저기서 사람들은 고개를? 끄덕이는 이도 있었고 뭔가 주고받는 사람도 있었습니다.

전통은 사라지다

그때 한 청년이 큰소리로 말했습니다.

“촌장님, 의견이 있습니다. 우리가 지금 저 말의 이야기를 듣고도 이

마을의 전통을 지키기 위하여 살아 있는 말의 목을 쳐서 제사를 올려야 할 까닭은 없다고 생각합니다. 그래요 제사를 맹목적으로 올리는 일보다는 살아있는 생명을 보호하는 것이 더 중요한 일이 될 것이라고 생각합니다. 여러분은 어떻습니까." 하고 외칠 때 주위는 어수선해 했습니다.

그때 말은 다시 입을 열고 "한번만 제 이야기를 더 들어 주십시오. 저는 오늘 어쨌든 죽도록 되어 있습니다. 그것은 이미 정해진 일이기 때문입니다. 그러니 너무 지나치게 소란을 피우지 마십시오."하고 말할 때 갑자기 하늘에 먹구름이 감싸이더니 '우루룽쾅쾅' 하고 천둥과 번개가 내리쳤습니다.

사람들은 정신을 못 차리고 머리만 감싸고 꿇어앉아서? 고개를 땅에 대고 있었습니다. 참으로 순간적인 일이었습니다. 천둥소리가 멈추자 까맣던 구름도 어디론지 흘러가고 한 줄기 햇빛이 태연하게 내리고

있었습니다. 사람들은 일어나서 옷을 털고 자기 식구를 찾았으나 모두 그대로 이었습니다.

촌장 옆에 말은 그대로 서 있었습니다. 모두들 안도의 숨을 내쉬면서 있을 때 누군가가 말했습니다.

"어머. 말이 몸만 서 있잖아."

정말, 말이 몸만 서있을 뿐 목은 온데간데없어졌고 목에서는 피가 흘러내리고 안개가 서린 것 같았습니다.

그 후부터 그 마을에서는 전통처럼 지켜온 산목숨 바쳐서 제사지내기를 하지 않았다고 합니다.

<자타카에서>

『불광』 연꽃마을 이야기 17, 1987년 1월호

어미 산양의 지혜

여우가 이사 오다

옛날 히말라야 중턱, 밀림지대에는 수많은 산양들이 떼를 지어서 살고 있었습니다. 아침 햇살이 밝게 드리울 때면 모두들 동굴에서 나와서 떼를 지어 이곳저곳으로 몰려다니면서 푸르고 싱싱한 먹이를 찾아 나섭니다. 뛰고 걷고 도란도란 이야기를 하노라면 하루해가 그렇게 짧게만 느껴졌습니다.

황혼이 곱게 물들면 여기저기 흩어진 산양들은 약속이나 한 듯이 한자리에 모여서 자기들의 보금자리로 돌아오곤 했습니다.

그런데 어디서 왔는지 여우 두 마리가 이 산양들이 살고 있는 부근으로 이사를 왔습니다.

산양들이 다니는 길을 유심히 살펴두었다가 여우는 쉽게 먹이를 구하게 되었습니다.

어린 산양들이 하루 종일 돌아다니다 돌아오는 길목에서 피곤해져서 일행의 뒤를 쫓아오지 못하고 길을 잃었을 때가 간혹 있었는데, 그런 때마다 여우는 쏜살같이 어린 산양 앞으로 달려가서 '아유, 이 귀여운 산양님께서 길을 잃으셨군요. 몹시 피곤해 보입니다요. 제가 단숨에 달려서 모셔다 드리겠습니다.' 하고 등을 내미는 것이었습니다.

처음 몇 날 동안은 한두 마리의 어린 산양이 없어지는 줄도 모르고 지났으나 날이 갈수록 어린 산양의 숫자는 눈에 띌 정도로 줄어들었습니다. 그래서 누구라도 쉽게 알아 볼 수가 있었습니다.

산양 가운데 가장 영리한 어미 산양 한 마리가 '이것은 틀림없이 누군가에 의해서 계획적으로 일어나고 있는 일 일게야, 내가 앞장서서 그 원인을 밝혀야지.' 하고 혼자서 생각했습니다.

먼저 어미산양부터…

이튿날 돌아오는 길에 어미 산양은 일행의 제일 꽁무니에서 조금 떨어져서 슬슬 걸어 내려 왔습니다. 중간쯤에 이르렀을 때였습니다. 어린 산양 한 마리가 다리가 아파 주저앉자 어디선가 여우 두 마리가 기다렸다는 듯이 달려 나왔습니다. 그리곤 또 등을 내밀고 계획된 일을 하고 있었습니다. 그 때 어미산양이

"아아, 누구신가 했더니 여우님이시군요. 이 산 속에서 가장 친절하신 두 분이라고 익히 들었습니다. 그리고 이렇게 매일 우리 아기들을 보살펴주시니 뭐라고 감사를 드려야 할지요."
하고 공손히 인사를 했습니다. 여우는 머리를 긁적거리면서 그냥 태연히 내려갔습니다.

"여보, 이젠 그런 방법으로는 안 되겠소."

"그래, 꼬리가 길면 밟히기 마련이야. 그런데 큰일 났군. 당장 내일부터 뭐로 양식을 하지. 지금까지는 걱정 없이 매일 산양을 통째로 먹었는데…"

"그래서 이렇게 나는 뚱보가 되고 말았어요. 몸이 균형이 안 잡혀요."

"아니야, 여보 아무래도 말이야 오늘 만난 그 어미 산양을 먼저 처치해야지 우리들이 편히 살 수 있을 것 같아. 그러니까 어떻게 당신이 그 어미산양하고 좀 친해보라고."

"친해지면…?"

"친해지면 우리 집에 초대해서 멋지게 놀다가 돌아가는 길에 처치

하는 거야."

"그 방법이 참 좋군요."

파티이야기는 없었던 일로…

여우는 싱싱한 풀잎 몇 장을 싸들고 어미산양을 찾아가서 몇 날을 놀았습니다. 제법 친해졌습니다. 그러던 어느 날 여우는 슬픈 얼굴을 하고 나타났습니다.

"오늘 아침에 갑자기 남편이 죽었는데 어떻게 할 수가 없어서 찾아왔으니 친구인 네가 와서 좀 도와주지 않겠니."

하고 어미 산양에게 말했습니다.

어미 산양은 홀로된 여우가 불쌍해서 그녀를 따라서 여우의 집으로 찾아갔습니다. 여우가 삐걱하고 문을 열었을 때 죽었다고 했던 여우는 두 눈에 불을 켠 듯이 서서 어미 산양을 무섭게 노려보면서 달려들려고 했습니다.

"이 고얀 것, 너를 친구라고 믿고 따라온 내가 바보지. 너희들이 나를 잡아먹으려 꾸민 꾀에 내가 말려들었었구나."

하고는 돌아와 버렸습니다.

어미 산양을 놓친 여우는 화를 내면서

"여보 당신은 머리가 나빠. 당신이 산양을 앞세우고 들어 와야지 왜 당신이 먼저 들어왔어. 이 바보야…"

하고 큰 소리를 쳤습니다.

"예, 제가 잘못했어요. 그렇지만요, 저는 사교술이 좋아 또 데려올 수 있으니 염려 말고 화를 푸세요."
하고 말했습니다.

여우는 다시 예쁘게 치장을 한 후 꽃을 한 아름 안고 어미산양을 찾아 갔습니다.

"친구야, 나는 너에게 감사의 마음을 전하러 왔단다. 너는 정말 우리 가정에 행복을 심어 준 은인이고 나를 외로움에서 구해준 고마운 친구였어. 왜 그런가 하면 지난번에 죽었던 우리 남편이 네가 우리 집에 왔던 그 시간에 다시 살아난 것이야. 그 때는 죽었다가 깨어났기 때문에 자신도 어리둥절했었대. 그래서 친구에게 인사도 못했다고 얼마나 미안해하는지 몰라. 그래서 이번에는 우리 집에 행복을 안겨다준 은인인 친구를 정중히 초대해서 파티를 하려고 하니 꼭 와 줄 수 있겠지."
라고 말했습니다.

이 말을 들은 어미산양은 '옳지, 이것들이 또 흉계를 꾸미고 있구나. 이번에는 너희들이 혼을 좀 나 보아라.' 고 생각하곤 태연스럽게

"너희 남편이 살아났다니 축하한다. 그런 영광된 파티를 어찌 참석 않겠니?"

"그래그래 맞았어. 너는 참으로 훌륭한 친구야. 특별한 파티니까 아주 멋지게 하고 와야 된다."

"그런데 한 가지 청이 있다. 그렇게 성스럽고 경사스런 파티는 조용하면 재미가 없는 것이야."

"그래 그것은 나도 알아."

"그래서 나 혼자서 가는 것보다는 내 친구들을 모두 불러서 악기도 연주하고 무용도 하고 음악도 해서 성대하게 축하해주고 싶구나. 모든 비용은 내가 다 마련 할 테니 너는 그날 먹을 음식만 준비하렴,"

"그래 그렇게 해야지. 그러면 너희 친구들이 몇이나 되니?"

"으응 얼마 안 돼. 내 친구는 넷인데 친구 한 명에게 500마리의 개가 딸려 있으니 모두 합하면 약 2,000이 넘겠구나. 그렇게 알고 음식은 충분히 준비해. 만일 음식이 부족하면 여우 두 마리쯤은 잡아먹을지도 몰라."

놀랍고 당황한 여우는 어쩔 줄 몰랐습니다. 한참 후에야 "애, 네가 집을 나오면 너희 애들이 온종일 심심할거야. 너도 우리 집에 다녀가면 피곤할 테니 우리 파티이야기는 없었던 일로 하자."

여우는 뒤도 돌아보지 않고 달아나 버렸습니다.

『불광』 연꽃마을 이야기 18, 1987년 2월호

들쥐와 개

망나니 개 한 마리

개 한 마리가 어느 농부의 집에서 살고 있었습니다. 그러나 그 개는 다른 개들과는 매우 달랐습니다. 주인을 보고도 꼬리를 흔들며 반가와 하지도 않고, 다소곳이 집을 지켜주는 일도 하지 않았습니다. 그저 날만 밝으면 온 마을을 휘젓고 돌아다니면서 멍, 멍, 멍… 짖어대며, 누구네 집이든 거침없이 들어가서 다른 개의 먹이를 뺏어먹고 싸우고 하면서 온갖 망나니 행세를 다했습니다. 하루에도 몇 차례씩 마을 사람들이 그 장난꾸러기 개의 주인을 찾아와서 소란을 피우곤 했습니다.

"여보세요, 당신네 개가 우리 집에 와서 우리 강아지 밥을 빼앗아 먹고 우리 강아지 다리를 물어서 걷지도 못하고 앓고 있으니 약값을 내세요."

"우리 집 장독대에는 있던 제사에 올리려고 먼 길까지 가서 구해

온 생선을 죄다 먹어 버렸어. 그것도 모자라서 간장독까지 깨뜨렸으니, 어떻게 하지요. 생선이야 또 사오면 되겠지만, 간장은 어떻게 하겠어요. 원, 개를 길러도 좀 순한 개를 길러야지, 저 개를 기르다간 온 마을의 장독대가 남아나겠어요."

"아이쿠 아저씨 큰일 났어요. 할머니께 모처럼 드리려고 사온 고기 반찬을 어떻게 알고 왔는지 아저씨네 개가 송두리째 먹어 버렸으니 어떻게 해요, 정말 큰일 났어요."

날마다 몇 번씩 몰려오는 마을사람들의 하소연과 항의는 그칠 날이 없었습니다.

그저 처음에는 아직 길이 들여지지 않아서 그러려니 하고 생각했으나 날이 지날수록 개는 온 마을사람들의 미움을 한 몸에 받고 있었습니다. 개가 가는 곳에는 호된 매가 기다렸고 아이들이 사정없이 돌멩이를 던져도 누구 한사람 개를 안타깝게 여겨주질 않았습니다.

주인은 날이 갈수록 온 몸에 상처만 늘어가는 개를 지켜보면서 '저 개를 내가 붙들고 있으면 시달림에 지쳐서 쉬 죽어버릴지도 모르니 차라리 먼 곳으로 쫓아버려야겠다.' 하고 생각을 했습니다.

깜깜하게 밤이 깊어졌을 때, 주인은 까만 보자기로 두 눈을 가리고 집을 나서서 들길을 건너고 강을 건너 멀리 떨어진 산언덕으로 올라갔습니다. 주인은 개를 내려놓고 가렸던 보자기를 풀어 주면서 "헤어지는 마음은 섭섭하지만, 이제 너를 자유롭게 해 줄 테니 넓은 숲속에서 잘 살아라. 그러나 남을 헤치는 일은 하지 마라. 부디 부탁이다."라고 말하고는 되돌아 왔습니다.

넓은 숲속에 서 있는 개는 처음엔 어리둥절했습니다. 어디로 가야할지, 어떻게 해야 할 지 막연하기만 했습니다. 주인이 내려놓은 자리에 멍청하게 서서 그동안 자신의 잘못을 후회하면서 눈물을 흘렸으나 이미 때는 늦었습니다.

다음날 아침

숲속에 햇빛이 드리우니 그 동네 아침보다는 찬란하고 아름다웠습니다. 푸른 나뭇잎과 그 사이사이로 비추이는 푸른 햇빛, 소란스럽게 짖어대는 갖가지 새들, 많은 풀벌레들의 울음소리가 흐드러지게 울려 퍼지는 숲속의 소리를 들으면서 개는 어젯밤의 눈물의 후회를 깡그리 잊고 말았습니다.

'야아— 왜 진작 이런 곳에 오질 못했던가?' 하는 생각을 하면서 숲속을 누비면서 뛰어 다녔습니다.

숲속에서 며칠을 살면서 풀벌레를 비롯해서 새까지 몇 가지 맛을 보았으나, 농가에서 훔쳐 먹던 생선이나 고기 맛보다는 못했습니다.

'아유, 모두가 맛이 없구나. 형편없이 쥐새끼 맛보다도 못한 것들……' 하면서 여기저기를 돌아다닐 때 마침 양지바른 언덕아래 수백 마리의 들쥐들이 살고 있는 것을 발견했습니다. 개는 입안에 군침을 삼키고 얼굴에 웃음을 띠면서 '옳다. 그러면 그렇지. 내가 누군데 먹을 것을 가지고 고민을 해. 그럴 리가 없지.' 하면서 조금 떨어진 곳에 서서 조용히 지켜보면서 생각을 했습니다.

'이젠 머리를 써서 저것들을 한 마리도 남기지 말고 깡그리 먹여야

해. 그러면 나도 여기를 떠나지 않고 오래오래 살수가 있을 거야.'

들쥐들이 떼를 지어 먹이를 찾아 나갔다가 어둠이 드리울 때 모두들 돌아왔습니다.

밤이 깊어졌고 들쥐들이 잠든 틈을 타서 개는 들쥐들의 집안으로 들어갔습니다. 들쥐들의 창고 옆에 자리를 하고 날이 밝기를 기다렸습니다.

날이 밝아올 때 개는 해 뜨는 쪽을 향하여 한쪽 발을 땅에 딛고 서서 입을 벌리고 있었습니다. 들쥐들이 나와서 개의 모습을 보고 모두들 깜짝 놀랐습니다.

"어머, 저게 뭐야."

"아이고, 글쎄 몰라."

"아이 무서워……"

들쥐의 왕이 나와서 유심히 보니 개는 꼼짝도 하지 않고 서 있었습니다. 그러자 들쥐의 왕은 "얘들아, 이 분은 우리를 해칠 분은 아닌 것 같다. 우릴 찾아온 손님이니 정중히 대접을 해야겠다."하고 말했습니다.

들쥐들이 여러 가지 음식을 차려서 내놓아도 개는 그대로 서 있기만 했습니다.

"이분은 훌륭한 수행자인 것 같다. 이런 분이 우리 곁을 떠나지 않도록 잘 모셔야 한다."고 말한 후 들쥐의 왕은 개를 향하여 "수행자님 알고 싶은 게 꼭 세 가지가 있으나 말씀해 주십시오."하고 말했으나 개는 두 눈만 깜빡거릴 뿐 말이 없었습니다.

수행자가 된 개

들쥐의 왕은 "수행자님, 수행자님은 네다리를 가지셨는데도 왜 한쪽다리로만 서 계십니까. 그리고 왜 해 뜨는 쪽을 향해 계시고 또 왜 입을 벌리고 계신지요. 그 수행방법을 일러 주세요. 우리도 수행을 하고 싶으니까요."하고 간절히 요청을 했습니다. 한참 후에 개는 입을 열었습니다.

"나는 힘이 세기 때문에 내가 네 발로 서면 땅이 무너지고 말 것이요. 그래서 이렇게 한 발만 딛고 서 있습니다. 입을 다물지 않고 벌리고 있는 의미는 우리 수행자들은 살아 있는 것은 먹질 않아요. 다만 맑은 공기만 먹고 수행하기 때문에 이렇게 입을 벌리고 있으며, 태양을 향하고 서 있는 것은 둥글고 따뜻한 태양의 덕을 향하여 예배를 하는 것이요."라고 말하고는 다시 입을 크게 벌리고 묵묵히 서 있었습니다.

"참으로 훌륭하십니다요. 제발 저희 곁을 떠나시지 마시고 우리들의 스승이 되어 주십시오. 수행자님."

들쥐의 왕은 경배를 하고 물러났습니다.

한편 개는 들쥐 왕의 모습을 본 후 '으음 안 떠나지. 너희들을 모두 먹기 전에는…….' 하는 대답을 마음속으로 했습니다.

그 후로 들쥐들이 밖에 나갔다가 돌아오며 모두가 창고 옆에 서 있는 개를 향해 정중한 인사를 하고서 각자의 집으로 헤어졌습니다.

개는 들쥐의 행렬 중에서 맨 끝에 인사하는 들쥐를 한 마리씩 붙들어서 아무도 모르게 먹어버리기 시작했습니다. 처음에는 정말 그 누구도 들쥐가 없어지는 것을 몰랐습니다. 그러나 날이 갈수록 들쥐의 숫자가 줄어들게 되자 모두들 걱정을 하기 시작했으나 어떻게 해서 없어지는지를 몰랐습니다.

부하들이 없어지는 것을 고민한 들쥐 왕은 드디어 수행자를 관찰하

기로 결심했습니다.

밖에서 돌아오는 길에 들쥐왕은 "얘들아, 오늘은 어린꼬마들이 앞장을 서서 가거라. 그리고 맨 뒤에는 내가 서서 갈 테니 너희들은 어제와 같이 태연한 모습으로 걸어가거라."고 단단히 일렀습니다.

맨 뒤에 들쥐 왕이 천천히 걸어오는 것도 모르는 개는 들쥐 왕의 꼬리를 살며시 밟았습니다. 그리곤 "귀여운 것, 통통한 꼬리가 입맛 나게 해 주는구나."하면서 입을 대었습니다. 들쥐 왕은 "야아, 이 거짓말쟁이 수행자야. 내 오늘 널 그냥 두질 않아."하고선 달려들어 개의 동맥을 끊어 버렸습니다.

<자타가 384에서>

『불광』 연꽃마을 이야기 19, 1987년 3월호

까마귀의 충언

까마귀의 장난기

옛날 중인도의 가시국(현재의 베나레스)의 성문 위에서 두 마리의 까마귀가 날개를 접고 잠시 쉬고 있었습니다. 높은 성문에서 임금님이 살고 계시는 궁전을 호기심에 꽉 찬 눈으로 들여다보았습니다. 넓고 아름다운 정원과 궁전은 참으로 아늑하고 평화롭게만 보였습니다. 그 속에서 거닐고 있는 사람들은 모두가 예쁜 빛깔의 비단옷을 입었고 영롱하게 빛나는 장식들로 치장을 했었습니다. 걸음걸이며 몸가짐들이 평화롭게만 보였습니다. 그런 광경을 물끄러미 지켜본 까마귀의 마음속엔 어느덧 질투 비슷한 마음이 일기 시작했습니다.

"애, 친구야."

까마귀 한 마리가 침묵을 깨고 말했습니다.

"저기 걸어오는 저 키가 큰 사람이 임금님의 사제 같은데……."

"글쎄, 그렇구나. 야아 참 멋지다. 어쩌면 저렇게 신사다울까?……"

"으응, 멋지긴 뭐가 멋져. 옷만 좋은 것 입으면 멋지니? 옷이 날개라고는 하지만……."

"그래 참 멋지다. 지금까지 나는 저렇게 멋진 사람은 처음이야……."

"멋쟁이 얼굴에 똥칠이나 해볼까."

"아니, 그게 무슨 소리야. 안 돼. 그러면 안 돼……."

"글쎄 넌 상관 말고 구경만 하라고, 지금부터 내가 날아가서 저 사람의 이마를 겨냥해서 똥을 찍 할 테니 너는 저 사람의 일그러진 표정이나 구경하라고 ……."

"안 돼. 그건 정말 안 돼. 저 사람은 권력이 대단한 사람인데 우리들이 살아날 줄 아니, 그러니 그만둬 제발……."

"권력이라고, 그딴 것이 뭔지를 내가 보여줄게."

하면서 까마귀는 날개를 펴고 성문을 떠나서 그 사람이 걸어오는 쪽으로 날아갔습니다. 그리곤 정확히 거리를 조절한 후 그의 이마 위에 똥을 떨어뜨렸습니다. 그리곤 그 주위를 몇 바퀴 돌다가 먼 곳으로 날아가 버렸습니다.

"어- 억, 이게 뭐야. 이놈 까마귀 놈이. 너 이놈, 너를 가만두지 않을 거야."

임금님의 사제는 몹시 화가 나서 견딜 수가 없었으나 까마귀는 이미 먼 곳으로 자취를 감추고 말았습니다.

"두고 보자 이놈 까마귀들, 내가 누군데 이 나라의 까마귀를 모두 잡아 없애고 말 것이야."

화를 견디지 못한 사제는 어찌할 줄을 몰랐습니다.

까마귀의 뜨거운 피가

그러던 어느 날 임금님은 모든 신하들을 모아 회의 할 일이 있었습니다.

창고에 넣어둔 쌀을 햇볕이 좋은 날 잘 말려서 저장을 해야 했었습니다. 쌀을 내어 놓으면 언제 알았는지 산양들이 쌀을 먹으러 내려오기 때문에 산양을 지키는 일도 참 어려운 일이었습니다.

창고지기는 쌀을 먹으러 내려오는 산양들을 쫓으려고 온갖 노력을 다 했지만 항상 산양들에게 많은 쌀을 뺏기고 맙니다. 그래서 창고지기는 연구 끝에 긴 장대 끝에 불을 붙여서 들고 서 있기로 했습니다. 장대에 불을 피우고 들고 서 있다가 그는 선 채로 잠이 들었습니다. 얼핏 졸고 있는 사이에 산양이 어슬렁어슬렁 내려오는 소리가 들려왔습니다. 창고지기는 들고 있던 장대 끝에 불이 타고 있다는 것도 잊은 채 장대를 휘저었습니다. 장대 끝에 타는 불이 도망치는 산양의 꼬리와 엉덩이에 옮아 붙었습니다. 산양은 뜨거운 엉덩이를 어떻게 할 수가 없어서

엉겁결에 코끼리의 집안으로 달려 들어갔습니다.

코끼리 집안에는 마른 풀이 쌓여 있었는데 산양은 그 마른 풀 더미 쪽으로 뒹굴고 말았습니다.

마른 풀 더미로 불은 또 옮겨 붙었습니다. 마른 풀에 옮긴 불은 금세 번져서 코끼리의 집을 몽땅 불태워버리고 말았습니다.

갑자기 화재를 만난 코끼리들은 큰 몸을 끌고 뛰쳐나왔으나 많은 화상을 입게 되었습니다.

수의사가 열심히 치료를 해도 코끼리들의 화상은 차도가 없었습니다.

그래서 임금님은 신하들을 모아서 코끼리의 화상을 낫게 할 신통한 약이 없는 지를 의논하고 있었습니다.

"임금님, 전문가인 수의사가 성실하게 치료를 하고 있으니 좀 더 치료를 하도록 지켜볼 수밖에 별다른 방법이 없을 것 같습니다."

"예에, 그렇게 해 보시지요."

신하들은 별다른 방법이 없음을 이야기했으나 사제는 유난히 그들의 의견을 따르지 않았다.

"임금님 코끼리의 화상 치료에 특효약이 있다고 들었습니다만……."

"특효? 그것이 뭐라고 하던가?"

"네에, 그것은 까마귀의 뜨거운 피를 상처에 바르면 씻은 듯이 낫는다고 합니다. 그러니 이 나라의 까마귀를 모조리 죽여서라도 코끼리의 상처를 치료해 주도록 허락하여 주십시오."

"까마귀의 뜨거운 피가 특효라고……. 으음, 그럴싸한 비법이로구나. 그러면 내가 사제에게 부탁하노라 까마귀를 희생해서라도 코끼리들의 부상을 치료해 주도록 하여라."

"네에 알겠습니다. 전국의 까마귀를 한 마리도 남기질 않고 잡아서 코끼리들의 아픔을 고쳐주겠습니다."

까마귀왕의 용기

한편 까마귀들은 곳곳에 흩어져서 살고 있었으나 까마귀왕은 수만의 까마귀를 거느리고 깊은 숲속에서 살고 있었습니다.

멀리 흩어져 살았던 까마귀들이 숲속의 왕 앞으로 모여 들었습니다. 고개를 숙이고 힘없이 모여드는 숫자가 날마다 늘었습니다.

"웬일들이냐?"

"큰 일이 났어요. 우리는 이제 살아남을 수가 없게 되었답니다. 내일이면 여기도 우리의 뜨거운 피를 구하려고 올거예요……."

모두들 하는 이야기를 조용히 듣고만 있던 까마귀왕은

"알았으니 너희들은 마음을 가다듬고 차분히 있어라. 죽을 때 죽더라도 말이다. 그리고 내 일은 내가 직접 임금님께 나아가서 말씀을 올리겠다. 꼭 죽어야한다면 내가 너희들을 대신해서 대표로 죽을 테니, 제발 우왕좌왕하지들 말고 예전처럼 하여라."

밝은 햇살이 숲속에 드리우자 까마귀왕은 혼자서 궁궐을 향하여 날아갔습니다.

마침 회의를 하고 있는 것 같았습니다. 열린 유리창으로 들어가 임금님 앞에 앉으려 했습니다.

그때 사제는 "으응, 내손으로 너를 잡아 버리겠다."고 하면서 달려들었습니다. 까마귀왕은, "임금님께 한 말씀을 드리고 싶어서 왔으니, 내 이야기가 끝나거든 잡아도 늦지 않을 겁니다."고 말하곤, "임금님, 왕은 자신의 신념이 없이 백성을 다스려서는 안 됩니다. 특히 확실한 신념이 없는 행동을 해서도 안 됩니다. 신념 없이 백성을 다스리고 있는 임금님을 백성들은 몹시 불안해 할 것입니다. 뜨거운 피를 얻기 위해서 우리 까마귀를 죽이는 것은 임금님의 확실한 신념에서 결정하신 일입니까? 그러나 유감스럽게도 우리 까마귀들에게는 화상 치료약이 되는 피는 없습니다. 임금님은 사제의 거짓말에 속으셨습니다. 그것은 신념이 없으셨기 때문입니다."

그렇게 말하고는 사제를 향하여, "자, 어서 나를 죽이시오. 내 뜨거운 피를 코끼리의 화상에 발라서 특효약의 효과를 임금님께 보여 드리시오."하고 말했습니다.

임금님은 자리에서 일어서서 까마귀 왕에게 "내 오늘 참으로 많은 것을 깨달았소. 나의 신념 없이 행한 처사를 후회하오. 이 임금의 부덕을 이해하여 주고 앞으로도 계속해서 훌륭한 충언 부탁하오."라고 말했습니다.

『불광』 연꽃마을 이야기 20, 1987년 3월호

흔들리는 마음

형제 같은 송아지와 새끼사자

깊은 숲 속에 동굴이 하나 있었습니다. 그 안에는 한 마리의 어미 사자가 살고 있었습니다.

새끼를 몇 마리 낳았으나 결국 한 마리만 남아서 어미 사자를 따르고 있었습니다.

어미 사자는 새끼 사자를 데리고 숲 속을 누비면서 여러 가지 훈련을 시켰습니다. 먹이를 찾는 방법을 자세히 일러주고, 그 밖에 어미가 없어도 혼자서 살아갈 수 있는 여러 가지 생활의 지혜도 알려주면서 살고 있었습니다.

어느 날 어미 사자는 새끼 사자를 동굴에 놓아둔 채로 멀리 푸른 들판이 있는 언덕으로 먹이를 찾아서 나섰습니다.

숲 속을 빠져 나와 푸른 초원에 이르렀습니다. 숲 속과는 달리 툭

터진 넓은 초원이 어미 사자의 마음을 설레게 해 주었습니다. 바람이 불 때마다 풀잎들은 한없이 곱게 출렁이고 있었습니다. 어미 사자는 지그시 눈을 감고 아름답게 출렁이는 풀 이랑을 바라다보고 있었습니다.

저쪽 한 옆에서 누런 어미 소가 유유히 풀을 뜯고 있었습니다. 그를 본 순간 어미 사자는 어느덧 입안에 군침이 돌았습니다.

쏜살같이 달려가서 소를 잡아서 먹어 버렸습니다.

입맛을 쩝쩝 다시면서 큰 하품을 하고 있을 때, 어미 사자 앞에는 언제 왔는지 송아지가 서 있었습니다.

어미 사자는 그를 보고 "아차, 순서가 바뀌었구나. 네가 있는 줄 알았더라면 네 어민 아꼈을 텐데. 내가 어찌 너의 그 야들야들한 고기를 제치고 딱딱하고 맛없는 네 어미를 먹겠니? 먹긴 먹었으나 너를 보니 후회스럽구나." 하고 말을 했습니다.

그러나 송아지는 커다란 두 눈을 떴다 감았다 하면서 제어미만을 찾을 뿐이었습니다. 사자를 보고도 무서워하지도 않았습니다.

송아지는 사자의 주의를 빙빙 돌면서 제 엄마를 찾고 있었습니다. 어느덧 눈물을 글썽이면서 애타게 찾고만 있었습니다. 송아지의 모습을 본 사자는 문득 동굴에 두고 온 가녀린 제 새끼를 생각했습니다.

"그래, 내 귀여운 새끼도 내가 없으면 저럴 거야, 틀림이 없어." 하는 생각이 들자 사자는 아무것도 모르는 송아지가 측은해졌습니다.

"내가 너를 데려다가 잘 키워보겠다." 고 하면서 송아지를 데리고 동굴로 돌아왔습니다.

어미 사자는 송아지와 새끼 사자를 곱게 길렀습니다. 송아지와 사자는 싸우는 일도 없이 마치 형제처럼 다정하게 잘 자랐습니다.

이웃집 늙은 여우가

어느 날 어미 사자는 병이 나서 몸져눕고 말았습니다. 도저히 건강해질 수 없는 병이었습니다. 어미사자는 송아지와 새끼 사자를 불러서

"너희들은 사자와 소지만 둘 다 모두 내 새끼들이다. 이 엄마는 둘 다 정성을 다해서 훌륭하게 기르려고 노력했노라. 너희 형제는 이 엄마가 없어도 항상 사이좋게 지내야 한다. 이 세상은 참으로 어려운 세상이기 때문에 너희들이 서로 의지하고 힘을 합해서 살아가지 않으면 힘이 든다. 이제 부터는 그 누구의 말도 믿지 말고 이 어미의 이야길 귀담아 듣고 마음에 깊이 새겨서 형제의 정을 잊지 말고 살아가도록 해라."

간곡하게 타이른 뒤 어미 사자는 죽었습니다.

사자와 소는 형제처럼 다정했습니다. 먹을 것이 있으면 똑같이 나누어 먹고, 사냥도 같이 했고 놀기도 같이 하면서 한 번도 싸우질 않고 오순도순 정답게 살았습니다.

그들의 집 근처 빈 동굴에 늙은 여우 한 마리가 이사해왔습니다.

"아유 어쩌면 그렇게 정다울까. 이렇게 좋은 이웃들이 있으니 나는 참 행복하다니까. 앞으로 이 여우할머니도 친구로 끼워줘요."

여우는 날마다 이들을 찾아 와서 상냥하게 이야기하곤 했습니다.

송아지가 몸이 불편하여 동굴에 남아 있고 사자가 먹이를 구하러

나갔을 때 여유는 슬금슬금 송아지를 찾아 왔습니다.

"아유, 열이 대단하구려. 자, 이 보리죽을 좀 들어봐요. 에이 쯧쯧 엄마가 계시면 얼마나 마음 아파하실까?"하고 약해진 소의 마음을 울적하게 했습니다.

"내가 그대에게는 이런 이야기를 절대로 안하려고 했는데 말이야, 당신의 엄마는 당신을 길러준 사자가 잡아먹었지요. 그 사실은 내가 증명해요. 내이 눈으로 똑똑히 보았으니까요. 그리고 말이 났으니 말이지. 오늘 밖에 나간 사자 그도 믿질 못해요. 말이야 바른 말이지 온 종일 돌아다니다 먹이는 얻지 못하고 돌아와서 배가 고프면 당신을 잡아먹을지도 몰라요. 그것을 신경 써야 해요."

열심히 지껄이는 소리를 듣던 소는 여우에게 말했습니다.

"그런 이야기 하려면 오지 마세요."

그러나 여우는 "틀림없어요. 사자가 집을 나갈 때 '어흥' 하고 큰소리를 낼 때는 당신을 해치려는 신호인 줄로 아시오."하고 말한 뒤 여우는 가버렸습니다.

또 다음에는 사자가 혼자 있을 때 여우는 사자를 찾아와서 말했습니다.

"내가 꼭 이런 이야기는 하려고 하지 않아 는데 젊은 사자를 생각하는 마음으로 해야겠어요. 여보게, 젊은이 소를 조심하시오. 당신의 어머니가 소의 엄마를 잡아먹었다고 소가 당신에게 복수를 한데요. 내가 그렇게 들었어요."

"그것은 거짓말 이예요. 우리는 형제니까요."

"아니, 믿으면 안 돼요. 당신이 죽어요. 소가 집을 나갈 때 '음-매'

하는 소리를 듣거든 그날은 당신이 신경을 써야 할 거요. 그 소리는 당신에게 도전하겠다는 신호일 테니까요. 신경을 쓰지 않으면 당신은 무방비 상태로 소에게 당하고 말아요."라고 말하곤 자기 집으로 갔습니다.

사자와 소의 싸움

소와 사자는 여전히 정답게 살았으나 가끔씩은 여우의 이야기가 문득 문득 떠올라서 신경을 쓰이게 했습니다.

어느 날이었습니다.

정답게 먹이를 구하러 나가려고 할 때였습니다. 순간 사자의 마음에 여우의 이야기가 떠올랐습니다. 그래서 사자는 여우의 이야기가 사실인지 거짓인지 확인하고 싶은 충동이 일었습니다. 앞에 서 있는 소를 따라 가면서 목을 가다듬고서 '어흥' 하고 해 보았습니다.

그 소리를 들은 소는 '역시 여우의 말이 틀림없구나.' 고 생각하고 선 재빠르게 동굴로 뛰어 나갔습니다. 그러곤 자신도 모르게 동굴을 향해서 '음-매' 하고 큰 소리로 울었습니다.

그 소리를 들은 사자도 '역시 여우의 이야기가 틀림이 없구나.' 고 생각했습니다.

정답던 두 형제는 어느덧 두 눈에 불을 밝히고 무섭게 서로를 노려보았습니다. 지금까지의 우정은 이미 사라져 버렸고, 엄마의 유언도 잊어버렸습니다. 도저히 마주 볼 수 없는 원수를 만난 듯 성난 얼굴들을 마주보면서 한 발짝 한 발짝씩 다가왔습니다.

둘은 맞붙어서 무섭게 싸웠습니다. 사자의 이빨이 소의 여기저기를 짓이겨 놓았고, 소의 두 뿔은 사자의 몸을 여기저기 쑤셔 놓았습니다.

땅 위엔 온통 피로 물들어서 빨간 땅이 되어 버렸습니다. 얼마를 싸웠던지 새끼 사자와 송아지는 지쳐서 둘 다 쓰러져 버렸습니다.

좀처럼 다시 일어날 줄을 몰랐습니다.

그 광경을 지켜본 늙은 여우는 큰 소리로 웃으면서 그들 주위를 맴돌았습니다.

『불광』 연꽃마을 이야기 21, 1987년 5월호

약속을 어긴 사냥꾼

효성 지극한 원숭이 형제

옛날 히말라야지방에 원숭이 형제가 살았습니다. 이 형제 원숭이는 앞을 못 보는 엄마 원숭이를 모시고, 또 많은 무리의 원숭이들을 지도하면서 날마다 아주 재미있게 살았습니다.

원숭이 형제는 굵고 크며 잎이 무성한 나무를 발견하면, 그 나무 위에 엄마 원숭이를 쉬도록 한 후에 먹이를 구해다가 엄마를 봉양하는 지극히 효성스러운 아들들이었습니다.

어느 날, 엄마가 편히 쉴 수 있는 나무와 먹이를 찾았지만 쉽게 찾을 수가 없었습니다. 그래서 그들은 다음날 일찍이 더 깊은 숲 속으로 먹이를 구하려고 떠났습니다. 원숭이 떼들은 깊은 숲 속에서 아주아주 맛있고 신선한 향기가 가득 풍기는 과일과 먹이를 구해서 맛있게 먹었습니다. 형제 원숭이는 제일 맛있고 향긋한 과일만을 골라서 엄마 원숭이에게로 보냈습니다.

며칠 동안의 여행에서 돌아왔을 땐 이미 엄마 원숭이는 지칠 대로 지쳐서 기진맥진이 되어 있었습니다.

"어머님, 어디가 편찮으십니까."

깜짝 놀란 두 아들이 이야길 해도 아무런 대답이 없었습니다.

"엄마, 왜 이러십니까, 어디가 아프세요. 약을 구해 올게요."

한참 후에야 엄마는 아주 작은 소리로 말했습니다.

"얘들아, 너희들 고생이 많구나. 그래 얼마나 배가 고팠겠느냐. 나는 이렇게 움직이지 않고 가만히 있어도 먹지 않으니 힘이 없는데, 너희들은 못 먹고 돌아다녔으니 오죽 했겠니?"

"엄마 그게 무슨 말씀이셔요. 그동안 아무 것도 못 잡수셨다니요. 아주 맛있는 과일만을 골라서 많이 보내드렸는데요."

"글쎄 나는 아무 것도 먹은 것이 없구나."

"자, 이걸 드시고 어서 힘을 내십시오. 이제는 저희들이 교대로 엄마를 모시겠습니다." 하고 가져온 과일을 엄마의 손에 올려 드렸습니다.

다음날에도 형제 원숭이는 어디론지 옮겨서 먹이를 구해야 했습니다.

형이 아우에게 말했어요.

"아우야, 오늘부터는 나대신 네가 저들을 이끌고 나아가야겠다. 나는 어머님을 모셔야겠어. 내가 모시지 않고 다른 원숭이를 시키면 우리 엄마는 못 잡수셔서 죽을 것 같아. 장님된 불쌍한 어머님, 우리가 교대로 모셔야겠다. 그러니 네가 다녀오너라."

"형이 안가면 나도 같이 있을래요. 형이 없으면 나도 힘이 안나요.

그러니까 나도 같이 있도록 해 줘요. 형"하면서 동생 원숭이도 억지로 남게 되었습니다.

사냥꾼과의 약속

결국 다른 원숭이 떼들은 자기들끼리 떼를 지어서 먹이를 찾아 떠났고, 원숭이 형제가 눈먼 엄마 원숭이를 돌보기 위하여 무리로부터 떨어지게 되었습니다.

그들은 엄마 원숭이를 보호하여 넓은 초원으로 내려 왔습니다. 커다란 보리수나무를 발견하고 그 나무에 안식처를 하기로 했습니다.

튼튼한 나뭇가지위로 엄마를 올려 드리기도 하고 넓은 초원으로 안내하여 밝은 햇빛 아래 뒹굴기도 하면서 아주아주 재미있는 생활이 계속 되었습니다.

형제는 날마다 교대로 먹이를 마련해왔고, 세 식구는 그야말로 평화로운 나날을 계속하면서 살았습니다.

그러나 행복한 가족들에게도 악의 그림자가 드리웠습니다.

무섭게 생긴 사냥꾼이 나타났습니다.

그때에 마침 형제 원숭이는 나뭇가지 위에서 조금 쉬고 있을 때 이었으며, 엄마원숭이는 풀밭에 앉아서 자기의 옷을 쓰다듬고 있었습니다.

사냥꾼의 모습을 먼저 본 동생이 "형 큰일 났어. 이걸 어떡해 저것 봐 사-사-사냥꾼이 나타났어."하고 어쩔 줄을 몰라 했습니다.

"뭐, 뭐라고. 사냥꾼이……." 하곤 두리번거렸습니다.

"정말이구나. 큰일 났다. 예야, 우리 침착하자. 될 수 있는 대로 나뭇잎에 숨어서 저 사냥꾼 눈에 뜨이지 않도록 해라. 엄마는 설마 저렇게 늙고 보잘 것이 없으니 사냥꾼이 활을 쏘지는 않을 거야. 그러니까 조용히 있어 보자."고 형이 말했습니다.

그러나 형제의 생각대로 되지는 않았습니다. 늙은 원숭이를 발견한 사냥꾼은 '에이, 재수 없어. 고작해서 이 늙은 원숭이라니 그래도 빈손으로 돌아갈 수는 없지. 저 늙은 원숭이라도 집에 가지고 갈 수 밖에…….' 하면서 엄마 원숭이를 향하여 화살을 겨누었습니다.

그것을 지켜본 형님 원숭이가 쏜살같이 나뭇가지로부터 달려 내려와서 엄마 원숭이 옆에 앉았습니다.

그리곤 사냥꾼에게 "여보세요. 우리 엄마를 살려 주십시오. 우리 엄마는 눈이 보이지 않습니다. 늙고 불쌍한 우리 엄마를 살려만 주신다면 대신 제가 죽겠습니다. 당신을 보고도 숨을지도 모르는 우리 엄마를 죽

이지만 않겠다고 약속해 주시면 제가 죽겠습니다. 약속해 주시겠습니까?"

"뭐라고? 그래 그렇게 하지. 난들 늙은 원숭이보다는 너처럼 맨질맨질한 것이 좋지, 좋아 너의 약속을 지키기로 하지."

대낮에 천둥과 번개가……

말이 끝나기도 전에 어느덧 화살은 형님 원숭이의 몸에 깊이 꽂히고 말았습니다.

그리곤 다시 형의 몸에 꽂힌 화살을 뽑지도 않고, 또한 형님 원숭이와의 약속은 아랑곳 하지도 않은 채 사냥꾼은 다시 화살을 엄마 원숭이를 향해서 겨누고 있었습니다.

그 모습을 지켜보고 있던 동생 원숭이는 화난 소리로 "잠깐만 기다려요." 하면서 그의 앞으로 달려갔습니다.

"자, 나를 죽여줘요. 그리고 우리 엄마를 살려줘요. 당신은 조금 전의 우리 형님과의 약속을 깡그리 어기고 있어요. 지키지 못할 약속은 필요가 없는 것이요. 자, 나를 죽이시오. 우리 형제가 죽어서라도 우리 엄마만큼은 하루라도 더 사시도록 해 드리고 싶으니 약속해 주시오. 늙고 앞을 못 보는 우리 엄마는 살려주겠다고 약속해 줘요."
하면서 간청을 했습니다.

"약속, 그리 약속하지. 저 늙은 네 어미만은 살려 두겠다고 약속하지."

"고맙습니다. 그러나 또 아까처럼 약속을 어기면 당신에게도 그에 따른 벌칙이 안겨질 것입니다."

"뭐, 벌칙이라고……. 어림도 없는 소릴 다 하는구나."하고 말하면서 사냥꾼은 힘차게 화살을 당겼습니다.

'오늘은 실로 큰 수확이로구나. 싱싱한 원숭이를 한 자리에서 두 마리나 쉽게 잡을 수 있다니.' 하고 말하면서 돌아가려다가 늙은 원숭이를 보면서 '저걸 놓아두면 뭘 해. 잡아서 고기는 못 팔아도 털이라도 팔면 수확이 될 텐데.' 라고 생각하곤 화살을 어미 원숭이에게 쏘았습니다.

늙은 원숭이의 몸에 화살이 꽂히자 밝은 대낮에 천둥과 번개소리가 한동안 요란하게 들려왔습니다.

사냥꾼은 원숭이 세 마리를 배낭에 메고 흥겹게 콧노래까지 부르면서 마을 입구까지 이르렀습니다. 마을사람들이 웅성거렸고 무슨 일이 일어난 것 같았습니다. 그때 한 남자가 급히 다가와서 "큰일 났네. 이 사람아 이런 대낮에 번개가 쳐서 자네집이 모두 불탔고 가족들을 한 사람도 구해내질 못했네."

"뭐라고요?"

허둥지둥 달려가서 까맣게 재가 된 집을 빙빙 돌면서 혼자서 말했습니다. '이것은 벌칙이다. 벌칙이다. 약속을 지키지 못해서 받은 벌칙입니다. 약속을 어긴 것은 참으로 잘못되었습니다. 참으로 잘못입니다.'

<자타카 222중에서>

『불광』 연꽃마을 이야기 22, 1987년 6월호

경솔한 애기토끼

싱그러운 녹음이 무르익는 숲속에는 많은 동물들이 살고 있었습니다.

다람쥐, 까치, 까마귀 그리고 이름 없는 갖가지 새들이 살고 있고 조금 더 깊은 숲속에는 꿩, 노루, 사슴, 꿀꿀이, 멧돼지 등등의 많은 동물들이 이곳저곳에 흩어져서 살고 있었습니다.

작은 애기토끼도 아버지, 엄마토끼랑 같이 살고 있었습니다. 산철쭉 꽃그늘이 그윽이 드리워지는 풀섶에 아버지가 지어준 아늑한 토끼의 보금자리가 있었습니다.

가끔 애기 다람쥐가 놀러 와서는 "애, 토끼야. 넌 참 좋겠다. 이렇게 아늑한 집에서, 꽃향기에 감싸여 있으니 말이다. 와-신나겠구나."하고 부러워하기도 합니다.

"아니야, 다람쥐야. 난 싫어. 정말 좋지가 않단다."

"싫다고. 왜? 왜 싫어? 이렇게 포근하고 아늑한 곳이 싫다니 참 알

수가 없구나."

"응, 그래 싫어, 무서워서 죽겠어."

"무섭다고. 뭐가 무서우니, 이렇게 밝은 낮인데. 자, 보라. 겁쟁이야. 도대체 뭐가 무서우니."

"글쎄 그래도 혼자 있으면 무서운 걸 어떡하니? 얘, 너 매일매일 여기 와서 같이 놀지 않을래, 그럼 내가 맛있는 것 많이 줄게."

"정말이니, 그럼 생각해 볼게."

애기다람쥐는 이야기가 끝나기도 전에 쪼르르-어디론지 가 버렸습니다.

"나도 다람쥐처럼 밖에 나가서 놀면 좋을 텐데,……"

애기토끼는 다람쥐가 부러웠습니다.

아침이 밝아오면 아버지토끼와 엄마토끼는 먹이를 구하러 먼 길을 떠납니다.

"아가야, 오늘도 집을 잘 지켜야한다. 창고 안에 가득 쌓아둔 먹이를 잘 지켜야 해, 만약에 우리 집에 도둑이 들어서 창고속의 양식을 가져가면 우리들은 겨울동안 아무것도 먹지 못해, 그러니 잘 지켜야 한다."

"예, 알겠습니다. 안녕히 다녀오세요. 그렇지만 오늘도 어제같이 늦으면 안 돼요. 빨리 오세요. 무서워요."

날마다 날마다 되풀이되는 이야기였습니다. 별로 재미가 없었습니다.

애기토끼는 우두커니 앉아서 빨간 눈망울을 굴리면서 다람쥐를 생각했습니다.

'얼마나 좋을까. 마음껏 풀밭을 뛰고 나무에도 올라가고 친구들하고도 즐겁게 놀고, 정말 다람쥐가 부럽구나. 토끼는 다람쥐가 될 수 없을까……' 하는 생각을 하고 있을 때 집 밖에서 웅성웅성 무슨 소리가 들려 왔습니다.

두 귀를 쫑긋 세운 토끼는 잔뜩 긴장을 하고 '이게 무슨 소리야. 도둑이 떼를 지어 왔구나. 이걸 어떡해. 몽둥이 몽둥이가 어디 있지' 하면서 허둥지둥 안절부절 갈팡질팡하며 어쩔 줄을 몰랐습니다.

"토끼야 들어가도 좋으니?"

애기다람쥐는 문 밖에서 몇 번 이야기했으나 토끼의 대답이 없었습니다. 머리를 반쯤 들여다 놓고 보니 토끼의 모습이 이상야릇했습니다.

"토끼야, 너 지금 뭐하고 있니? 너 손에 든 게 뭐야. 알밤 먹는 중이었니? 저기 말이야 아까 네 얘길 듣고 생각해 봤어. 그런데 나 혼자 보다는 많이 모여서 노는 것이 더 좋을 것 같아서 우리 동네 친구들을 데리고 왔어. 같이 놀겠니?"

"으응, 다람쥐였었구나. 휴우-. 도둑인줄 알았어. 돌멩이를 집는 다는 게 알밤을 움켜쥐었어. 미안해."

"얘, 그렇게 무섭니?"

"그래, 넌 무섭고 겁나지 않니? 나는 어릴 적부터 무섭고 두려운 이야기만을 들으면서 혼자서 집지키고 살았단다. 그래서 항상 무섭고 두려운 생각이 앞선단다. 도둑 들까 무섭고, 비올까 두려워."

"넌 도둑을 본 적이 있니?"

"아니, 한번도"

"아유, 이런 바보를 친구로 할 수 있을까? ……"

"얘, 아니야. 너의 좋은 친구가 되겠어. 응, 친구로 해줘 응?"

"토끼야 미안하다 너를 친구하고 싶은 생각이 없구나. 겁쟁이 일 뿐이라 집밖을 모르는 우물 안 개구리 같은 네가 답답해. 미안하다. 자, 잘 있어."

"얘, 가지 마. 응, 나도 좋은 친구가 될 수 있어……"

애기다람쥐들은 뒤도 돌아보지 않고 쪼르르 재주를 넘으면서 저쪽 언덕으로 가 버렸습니다.

애기토끼는 쓸쓸하게 서서 다람쥐가 가버린 쪽을 바라보고 있었습니다.

그때 갑자기 검은 구름이 온 하늘을 뒤덮었습니다. 주위가 서서히 어두워지기 시작했습니다. 애기토끼는 은근히 겁이 났습니다. 심장이 두근두근 거리고 얼굴이 화끈해 져 오는 것 같고, 다리가 떨리기 시작했습니다. 온갖 두렵고 무서운 생각이 꼬리를 물고 일어났습니다. 그리고 '만약에 이 어둠이 계속되면 이 숲속은 끝나버릴지도 몰라. 아니야, 이렇게 앞이 안보일 정도로 어두운 때는 없었어. 그래 어쩌면 이 숲속에 종말이 오고 있는 지도 몰라. 그래서 이렇게 어두울 거야.' 하는 등등의 생각을 하고 있을 때 어디선지 '우두둑-' 하는 소리가 들렸습니다.

애기토끼는 자신도 모르게 쏜살같이 집을 뛰쳐나왔습니다. 그리고 있는 힘을 다 해서 달리고 있었습니다.

"애, 왜 그렇게 뛰고 있니?"

"으응, 이 숲속에 종말이 왔어."

"아니, 뭐라고……"

다람쥐도 뛰었습니다. 노루도 뛰고 사슴도 산돼지, 여우, 기린, 원숭이, 호랑이, 사자도 열심히 뛰었습니다. 하늘을 날고 있던 새들도 달리는 동물과 같이 아무 영문도 모르고 날고 있었습니다.

한동안 달리고 있던 사자가 호랑이에게 물었습니다.

"애, 우리가 지금 왜 뛰고 있니?"

"글쎄 모르겠어. 애, 원숭이야 넌 왜 뛰고 있니?"

"몰라."

"토끼가 뛰었어요. 그래서 뛰었어요."

"그럼 우리가 무작정 뛸 것이 아니라 얘, 애기토끼야 우리 함께 돌아가 보자. 숲이 무너진 소리가 났던 곳으로……"

동물들은 떼를 지어서 애기토끼네 집까지 돌아왔습니다. 토끼네 집은 그대로 있었습니다. 커다란 나뭇잎 몇 장이 토끼네 지붕을 덮었고 그 위엔 부러진 가지가 떨어져 있었습니다.

사자는 어이없다는 표정으로

"겁쟁이 토끼야. 이 가엾은 토끼야."만을 되풀이 했습니다.

<부처님 전생담에서>

『주간불교』 '부처님 오신 날' 어린이들에게 주는 동화, 제126호

원숭이와 달님

그렇게 깊지 않은 숲속에 원숭이들이 모여서 아주아주 재미있게 살고 있었습니다.

동녘이 밝아오는 아침이 되면 온갖 새들의 노랫소리에 모두들 눈을 비비고 일어납니다. 아침이면 모두 한 자리에 모여서 하루의 일과를 의논합니다.

왼 종일 먹이도 찾고 운동도 하고, 개구쟁이 노릇도 실컷 합니다. 그리곤 밤이 되면 또 한자리에 모여서 대장 원숭이로부터 옛날이야기를 듣기도 하고 하루생활을 반성하기도 했습니다.

대장원숭이의 이야기는 별로 재미가 없었습니다. 언제나 구질구질한 잔소리들이 되풀이, 되풀이되는 이야기였기 때문이었습니다.

어느 날 밤 이었습니다.

그날도 역시 대장원숭이의 설교가 시작되었습니다. 고요한 숲속에 곱게 드리운 달빛이 너무나도 좋은 분위기였습니다. 그저 주저앉아서

"달님이 저하고 놀고 있다고요?…아주 높은 곳에 있으면서"

◇그림 • 이 란 호

재미없는 이야기를 들으면서 시간을 보내기엔 아쉬운 달밤이었습니다.

맨 뒤에 앉아 있던 개구쟁이 원숭이가 살그머니 자리를 떠났습니다. 가만 가만히 걸어서 달빛이 소곤거리는 풀밭으로 나왔습니다. 이리딩굴 저리딩굴 마냥 뒹굴면서 즐거워했습니다. 이곳저곳을 다니면서

"여보세요. 여보세요. 우리 같이 놀아요. 달빛이 이렇게 밝은데 왜 그렇게도 조용하세요. 자, 어서 내려와요."

또 다른 곳으로 옮겨가서 나무를 보고, "여보세요, 이렇게 즐거운 밤을 우리함께 노래하지 않겠어요?…"하고 열심히 뛰어다녀 보았으나 그 누구도 쉽게 응해 주질 않았습니다.

그러자 개구쟁이 원숭이는 달을 바라보면서 "달님, 달님하고 저하고 놀아요. 아무도 저와 놀아주질 않으니까요…"라고 말하는 원숭이는 어느덧 힘이 없어 졌습니다.

그때에… "이 귀여운 친구야, 지금 나는 자네하고 같이 놀고 있으니 어서 힘을 내야지"하는 달님의 소리가 들려 왔습니다.

"애, 뭐라고요. 지금 달님이 저하고 같이 놀고 있다고요? 아니에요. 그것은 거짓말 이예요. 달님은 나빠요. 정말로 나빠요. 거짓말쟁이, 저렇게 높이높이 걸려 있으면서 나하고 같이 있다고 거짓말만 하고 있어. 피이, 난 이제 달이 떠도 좋아하지 않을래. 언제나 손도 닿지 못할 곳에 있는 것도 마음에 켕겼는데, 산에 올라가서도 제일 높은 나무 꼭대기에 올라가서도 달님은 잡을 수도 없었어. 그런데 어떻게 지금 나하고 같이 있다고 말을 할 수가 있어요. 잔소리 쟁이. 우리 대장만큼이나 미워지는데요."

"아니야, 그렇지가 않아요. 나는 땅 위에도 있고, 땅에도 있고, 땅 밑

에도 있고 어디에든지 있단다."

"뭐라고요, 피이, 또 거짓말. 거짓말을 아주 잘 하시네요. 달님은 아주 높은 곳에만 있어요. 산봉우리에서도 잡을 수 없고 나무꼭대기에서 잡을 수 없는 그곳밖엔 없어요. 땅 밑에도 있다니요. 나는요, 절대로 믿지 않아요.…"라고 하면서 원숭이는 집을 향해서 걸었습니다. 돌아오는 길목에는 깊은 우물이 있었습니다. 우물가를 지나오다가 무심히 우물 속을 드려다 보았습니다.

깊숙한 우물 속에는 조금 전에 자기하고 이야기 했던 둥근달님이 들어 앉아 있었습니다.

"어머나, 이것 큰일 났네. 달님이 우물에 빠져버렸어. 왜 그랬을까? 내가 너무나 지나친 핀잔을 주워서 부끄러워서 죽으려고 풍덩 빠져버렸는지도 몰라. 그렇다면 이것은 보통 일이 아니야. 이러고 있을 것이 아니라 달님을 살려내야 하는 일이 시급해…"

깜짝 놀란 개구쟁이 원숭이는 대장 원숭이 앞으로 달려갔습니다.

"대대대- 장님, 크크큰-일이 났습니다."

"어허, 천천히 말해보아라"

"달님이 우물에 빠져서 건져 달라고 울고 있어요."

"뭐라고? 달님이 우물에 빠졌다고?"

"예, 요 앞의 큰 우물 속에 달님이 빠져서 울고 있어요. 대장님만을 애타게 부르고 있었습니다요."

"그래, 그렇다면 꼭 구해야지. 자아 너희들도 같이 가자꾸나."

대장원숭이의 뒤를 따라서 원숭이들은 우르르 몰려갔습니다. 우물 속에는 역시 하얀 달님이 있었습니다.

"달님 쬐금만 기다리슈. 제가 꼭 구해드려서 저 산 위쪽으로 달님을 모셔드리겠습니다요."라고 한 대장원숭이는 우물 주변을 빙빙 돌면서 뭔가를 골똘히 생각하고 있었습니다.

다른 원숭이들은 웅성웅성 야단법석이었습니다.

"나무 위에 걸린 것을 내려온다면야 그것은 쉬운 일이지만 우물 속에 있는 것을 어떻게 우리들이 해 내겠어요."

"그래요. 그것은 해 낼 수 없어요."

모두가 한 마디씩 주고받으니 주위는 몹시 소란했습니다. 대장원숭이는 목소리를 가다듬고 말했습니다.

"여러분, 조용히 하세요. 중대한 일을 처리하기 위하여 회의를 합시다. 누구든지 좋은 방법이 있으면 이야기 해 봐요. 저 우물 속의 달님은 우리들이 도와 드려야 합니다."

"대장님 저희들이 머리를 모아서 의논을 했습니다만, 우물속의 저 달은 우리들로서는 도울 방법이 없습니다. 나무꼭대기를 올아 가는 일이라면 쉽게 해 낼 수 있지만, 좁고 길은 우물 속을 들어갔다 오는 일은 해 낼 방법이 없습니다요."하고 한 원숭이가 말했습니다. 모두들 그 말이 옳다고 손뼉을 쳤습니다.

"그렇다면 내게 좋은 방안이 하나 있는데…"

"말씀 해 주십시오."

"우리들이 힘을 모으면 저 달님은 구 할 수가 있어요. 그러니 내가 하자는 대로 해요. 내가 저 큰 나뭇가지를 꼭 붙들고 있으면 내 꼬리를 자네가 꼭 잡고 그 다음 원숭이가 자네의 꼬리를 잡고 또 그 다음 원숭이가 꼬리를 잡으면서 우물 속으로 줄을 지어 들어가면 어느덧 달님이 손에 닿을 거야…"

"과연 그렇겠습니다. 대장님 훌륭해요."

꼬리에 꼬리를 붙든 원숭이의 긴 행렬은 우물 안으로 길게 길게 이어졌습니다.

맨 뒤 원숭이가 손을 들어 달님을 건지려 할 때였습니다. 대장원숭이가 붙들었던 나뭇가지가 '우지직' 하며 부러졌습니다. 원숭이는 모두 우물 속으로 빠지고 말았습니다.

<쟈타카 경전 中 전생담에서>

『불교신문』 '부처님 오신 날' 어린이에게 들려주는 동화, 1987년 5월 6일

봄이 오는 소리

겨울의 산 속은 춥고 쓸쓸하기만 합니다. 앙상한 나뭇가지들이 이따금 불어오는 겨울바람에 와들와들 떨고 있는 작은 산속 언덕배기 양지쪽에 다람쥐 한 마리가 쪼르르 하고 햇빛이 드는 언덕 아래로 왔습니다.

추위에 떨고 있는 나뭇가지를 바라보면서, "에그, 아저씨, 왜 그렇게 흔들고 계세요. 어지럽게 혹시 어디가 편찮으셔요…."

나뭇가지는 와들와들 떨면서 "글쎄 너무 춥지 않니? 나는 지금 몹시 추워서 떨고 있단다. 에그 추워…"

"그러니깐, 왜 나뭇잎들을 다 떨구어 버렸어요? 이럴 때 나뭇잎들을 두르고 있으면 춥지 않을 텐데요. 자 나를 보셔요. 나는 털옷을 입어서 춥지 않아요."

"아가야, 너는 뭘 몰라…."

"뭘 몰라요. 지난번에 아저씨가 떨어뜨리는 나뭇잎들은 얼마나 곱고 아름다웠는지 아세요? 그렇게 예쁜 옷을 모두 떨어뜨리는 아저씨를 저는 이해할 수가 없었다고요?"

다람쥐의 이야기를 듣고 있던 나무는 깊은 호흡을 한 후에

"아가야, 지금부터 내 이야기를 잘 들어줘, 나도 네 이야길 잘 들었지? 그런데 우선 한 가지 물어보자. 너 혹시 내 나뭇가지에 달린 잎이 작고 파랗던 때를 본 적이 있니?"

"아니요, 아저씨가 입었던 옷은 노랗고, 빨갛고 너무너무 예뻤었어요."

"그것 봐, 너는 내가 옷을 갈아입는 다는 걸 모르고 있잖아."

"옷을 갈아입는 다구요?"

"그래, 나는 옷을 바꾸어 입어. 이제 새 봄이 오면 나는 또 새 옷을

입게 된 단다."

"그게 무슨 말씀이셔요?"

"으음, 계절이란 말을 들었니?"

"예"

"봄, 여름, 가을, 겨울 동안 나는 옷을 바꾸어 입도록 되어 있단다. 이제 봄이 오면 새 옷이 내 살 속을 비집고 나온단다."

"새 옷이 나온다고요?"

"그래 지금 내 발밑에선 새 옷을 준비하느라고 밤낮을 쉬지 않고 일하고 있거든"

"아저씨, 무슨 말씀을 하시는지 모르겠어요."

"자, 들어보아라, 새 옷을 갈아입는다는 이야기는 말이야, 봄이 오면 내 나뭇가지에 파릇파릇 새 잎이 돋아난단다. 해가 바뀌었다는 소식이지, 그리고 그 잎이 자라서 여름이 되면 무성해져서 울창한 푸른 숲을 이루었다가 가을이 되면 노랗고, 빨갛게 물이 들어서 낙엽이 되어 한잎 두잎 내 곁을 떠나버린다. 낙엽이 되어 한잎 두잎 내 곁을 떠나버린다. 낙엽 진 앙상한 나뭇가지가 되어 추운 겨울을 지나면서 내 몸 안엔 나이테라고하는 세월의 눈금이 하나 동그랗게 늘어간단다. 그렇게 해서 나는 옷을 바꾸어 입는 것이란다. 알겠니?"

"예, 조금 알 것 같아요. 그런데 아저씨 궁금한 게 있어요."

"또 뭐가 궁금하니? 어서 말해봐."

"그럼, 봄, 여름, 여름, 겨울은 누가 갖다 주지요. 나는 가을만 갖다 주면 좋겠어요. 아저씨도 예쁜 옷 입어서 좋고, 온 산이 그림처럼 예뻐서 좋지요. 또 어디를 가도 먹을 것이 풍성해서도 좋고요. 사실 말이지만

요, 나는 겨울이 싫어요. 양지쪽에만 찾아가서 놀다가 먹고 싶으면 가을처럼 어디라도 뛰어가서 마음대로 먹을 수도 없지요. 배고파서 집에 가면 우리 엄마는 식사시간이 아니면 먹을 것도 안 주시며 아껴서 두고두고 규칙적으로 먹어서 겨울을 나야 한다고 하지요…. 정말 불편한 게 한두 가지가 아니거든요. 그래서 나는 가을만 있었으면 좋겠어요. 아저씨 계절을 누가 갖다 주나요. 그러면 제가 찾아가서 부탁할래요. 아저씨하고 저에게는 가을만 갖다 달라고 졸라볼래요."

"아가야, 그랬으면 얼마나 좋겠니? 그런데 그럴 수가 없어요."

"글쎄, 계절의 바뀜은 개인의 선택으로 되 지는 것이 아니란다. 네가 먹고 싶을 때 먹고, 놀고 싶을 때 놀 수 있는 것처럼 되 지는 것이 아니란 말이다. 물론 계절을 갖다가 주는 사람도 없단다. 그러나 계절은 어김이 없이 찾아오더라, 나도 가을이 좋으니 가을을 오래오래 붙들고 싶었어도 내 생각처럼 되지 질 않았었다. 너도 이제 더 두고 보면 내 이야기를 믿게 될 꺼다."

"그럼 어떻게 하면 그것을 알 수가 있지요? 계절이 왜 바뀌는 가를 말이 예요."

"그것은 나도 잘 몰라. 네가 어른이 되면 알게 될는지도 모르지…."

작은 다람쥐는 나무아저씨의 이야기를 듣고부터는 때때로 심각하게 생각하게 되었습니다. 계절은 왜 바뀌는 것일까요? 누가 그렇게 만들고 있을까를 곰곰이 생각해 보기도 했습니다.

*****

어느 날, 온 세상이 하얀 눈으로 쌓여 있었습니다. 나뭇가지마다 소복소복 눈이 올아 앉아서 탐스런 눈꽃을 볼 수 있었습니다. 잿빛 하늘 아래 펼쳐진 눈이 부시도록 새 하얀 산속은 어제의 산이 아닌 새로운 세상처럼 보였습니다.

"야- 아, 근사해. 밤사이에 이토록 세상이 달라졌구나, 이 아름다운 풍경을 누가 만들어 주었을까"하고 또 생각에 잠기었습니다.

그때에 엄마 다람쥐가, "애야, 이렇게 눈이 쌓인 날엔 밖에 나가면 안 된다. 눈 속에 빠지면 큰일 나요."하면서 며칠 동안 외출을 못하게 했습니다.

'지금쯤 나무아저씨는 무얼 하고 계실까. 하얀 눈옷을 입어서 춥지 않으실까. 아니면 더 추워서 떨고 계실까….' 라고 생각하면서 눈길이 나기를 기다렸습니다.

눈 쌓인 길을 쪼르르 하고 다람쥐는 달려갔습니다.

"아저씨, 안녕하셨어요?"

"으음, 너도 잘 지냈지?"

"아니요, 아저씨가 궁금해서 견딜 수가 없었지요. 어떻게 지내셨어요?"

"보시는 대로 변함없이…"

"아저씨, 눈이 쌓이니까 경치는 눈이 부시도록 아름다운데 날씨는 더 추웠던 것 같았어요. 아저씨는 얼마나 추우셨어요?"

"춥긴, 이제 곧 봄이 오는 길목에 이르렀는데…"

"그건 또 무슨 말씀이셔요. 아직도 눈이 다 녹아 내리 질 않았는데 봄이 온다고요?"

"그래, 눈 쌓인 이 산에도 봄빛이 감돌고 있구나. 겨울동안 북풍을 이겨내면서 지그시 참고 견딘 보람을 이제야 느낄 수 있으니 이 얼마나 가슴 벅찬 일이더냐."

"아저씨, 그 말씀을 알아들을 수가 없어요. 정말로"

"자-, 이리고 올라와 보아라."

다람쥐는 파르르 나무 위에 올라서 나뭇가지 위에 앉았습니다.

"이제, 내 이 팔을 보거라. 뭔가 눈에 뜨이는 게 있을 게다."

나뭇가지 여기저기가 보송보송 종기처럼 올라와 있었습니다.

"아저씨, 이것들이 뭐예요? 눈꽃들이 앉았던 상처자국 아니예요?" 하면서 다람쥐는 깜짝 놀랐습니다.

"아니야, 그것이 바로 봄이 온다는 신호란다. 거기에서 새 잎이 나고, 그 잎이 녹음을 이루었다가 단풍들어서 낙엽으로 떨어지는 시작인 것이야. 그것은 확실히 내 몸에서 생겨서 변화하여 없어지는 것이지만, 내 마음대로 할 수가 없거든…"

"아저씨, 저는 아직도 아저씨 말씀을 이해할 수가 없지만, 지금부터 아저씨의 몸에서 일어나는 모든 변함을 신중하게 지켜보겠어요. 매일 아저씨와 같이 지내도록 해 주셔요."

"아암, 그렇게 하고말고."

따사로운 햇빛이 숲속에 머물 때 어디선가 '쫄쫄쫄' 하는 소리가 들렸습니다.

겨우내 얼어붙었던 계곡에서 두꺼운 얼음장 밑으로 흘러가는 물소리였습니다.

"아! 이 신선한 물소리"

다람쥐는 얼음장 밑을 열심히 굽어다 보았습니다.

"이것도 봄이 오는 소리일까?"하고 생각할 때,

"애, 봄이 오는 소리는 그것뿐이 아니야. 자, 귀를 열고 들어봐라. 그리고 두 눈을 크게 뜨면 봄이 오는 모습을 볼 수도 있단다."하고 계곡 옆에 서 있는 버들강아지가 맑은 목소리로 말했습니다.

"그래, 난 아직 잘 몰라. 아무것도 아는 것이 없어, 그러니 지금부터 지켜볼 테야, 그리고 그 원인을 찾아 볼 테야, 성급하게 서둘지 않고, 꾸준한 인내심으로 나무아저씨처럼 아니 나무아저씨보다 더 많이 알게 지켜봐야겠어."라고 하면서 다람쥐는 흐르는 물소리를 따라서 쪼르르 내려 갔습니다.

『진각종보』 새봄을 맞이하여 자성학생들에게 들려주는 이야기, 1990. 3. 2.

매로 태어난 제바달다

아주 오랜 옛날 인도 바라나시의 어느 논밭 흙구덩이 속에 메추리가 살게 되었습니다. 그 부모는 그 메추리에게 "얘야, 이곳이 너의 생활터전이니 여기를 떠나면 안 된다."라고 말 했습니다.

메추리는 부모님말씀을 따라서 한 동안 잘 지내고 있었습니다.

그런데 어느 날 문득 다른 곳으로 가 보고 싶은 생각이 떠올랐습니다. 그 후로부터 메추리는 먹이를 찾지도 않고, 다른 곳으로 가 보고 싶은 생각만 계속하게 되었습니다.

"저기 우뚝 높은 푸른 산에는 누가 있을까. 높은 곳에 살면 좋겠다. 먹이도 많겠지. 저렇게 높은 나뭇가지 위에도 누가 살고 있을까, 맛있는 열매도 많을 거야. 저 맑고 푸른 하늘에 떠도는 흰 구름은 어디로 두둥실 흘러가고 있을까. 자유롭겠다. 까만 밤이 오면 무수히 반짝이는 수많은 별들은 매우 아름답구나. 높은 곳에 올라가면 저 별들과 가까워져서 이야기도 할 수 있을까."하는 등등 많은 생각을 했습니다. 이런 저런 생각에 몰두하다가도 가끔 "아냐, 난 여기를 떠나면 안 된다고 하셨어, 그래 어른 말씀을 잘 따라야지"하면서 몇 번이고 다짐했지만 결국 메추리는 다른 곳에 대한 호기심을 잠재울 수가 없었습니다.

어느 날 메추리는 "잠간동안만 이곳을 떠나는 거야. 금방 돌아올 거야."라고 생각하고 논밭 흙구덩이를 떠났습니다. 두 날개를 펴고 훨훨 날아 어느 숲속에 사뿐히 내렸습니다.

"야야! 숲속이 참 좋구나. 이 맑은 향기, 푸른 햇빛, 아름다운 꽃과 저 새소리가 이 메추리 참 기분 좋구나."라고 생각하면서 "여기서 먹이를 찾아보자"면서 숲 가장자리로 옮겨 자리를 잡고 먹이를 찾고 있었습니다. 아까부터 메추리를 지켜 본 매가 쏜살같이 날아와서 메추리를 붙잡고 "요게 넌 누구니, 왜 남의 영역에 날라 들어와 먹이를 찾고 있는 거야"라며 무섭게 호통했습니다.

메추리는 순간 자기의 잘못을 깨달았습니다.

"미안합니다. 호기심 때문에 그만 이렇게 되었으니 한번만 너그럽게 이해해주세요" 라고 진심으로 말했지만 소용이 없었습니다.

매는 사정없이 날카로운 발톱으로 메추리를 채어서 하늘높이 날라서 어디론지 가고 있었습니다.

매 발톱에 끼어있는 메추리는 무섭고 불안했습니다. 그리고 부모님 말씀을 어기고 다른 곳으로 이동한 것을 후회했습니다.

"매가 지금 어디로 가고 있을까. 난 살아서 돌아 올 수 있을까. 부모님께서 날 찾으면 어떻게 될까" 등등 많은 생각을 해 보지만 이 위기를 벗어날 방법은 없었습니다.

메추리는 진심으로 잘못을 후회했습니다.

부모님 말씀을 따르지 않은 것이 첫 번째 잘못이고, 남의 영역을 침범하게 된 호기심이 두 번째 잘못이라고 생각하니 두 가지 잘못의 원인이 모두 메추리 자신에게 있다는 것을 알았습니다.

메추리는 깊이 반성하고 자신의 잘못을 혼자서 한탄하면서 매에 끌려갑니다.

"나는 착한일善業을 많이 하지 못한 불행한 메추리다. 부모님께서 내 영역을 떠나지 말라고 당부하셨는데 그 말씀을 어기고, 남의 땅에 가서 먹이를 찾았다. 남의 땅에 간 것은 단지 호기심이었다. 다른 곳에 대한 호기심 그것 뿐 이었다. 내가 오늘 부모님말씀대로 내 영역에서 먹이를 찾고 살았다면 이렇게 매에게 물려가지도 않았을 텐데."

메추리의 한탄을 듣고 매가 "메추리야, 부모님이 정해준 너 영역이 어디냐" 고 물었습니다.

"저기 논밭의 흙덩이 속입니다." 고 답했습니다.

다시 한 동안 말없이 매는 힘차게 날고 있었습니다.

끌려가는 메추리는 모든 것이 자신이 저질은 잘못 때문이라고 생각하고 매의 뜻에 자신의 운명을 마낄 수밖에 없다고 다짐하면서 조용히 있었습니다.

갑자기 매가 "메추리야, 너는 너 영역에 가서 살아라. 너는 이제는 달아날 수도 없을 것이다" 면서 메추리를 흙더미위에 힘껏 던져 버렸습니다.

흙더미위에 떨어진 메추리는 자기 영역의 흙냄새를 맡고 안도의 숨을 쉬었습니다. 그리고는 날아가는 매를 향해서 외쳤습니다.

"고약한 매, 너 이리와. 넌 너무 인색해. 그렇게 살지 마라. 이해심 좀 있어라"

메추리 외침을 들은 매가 화가 나서 되돌아 왔습니다.

"이 조그만, 메추리야, 너 죽어볼래. 감히 날 놀려. 용서치 못해"라고 씩씩 거리면서 매는 자신의 힘을 믿고 아주 세차게 날아서, 날개가 으스러지도록 메추리를 내리 쳤습니다. 메추리는 이미 흙더미 속으로 들어간 뒤 였습니다.

매는 너무 강하게 내려왔기 때문에 제 힘을 이기지 못해서 흙더미에 쾅하고 가슴을 부딪쳤습니다.

결국 매는 눈이 튀어 나오고 가슴이 찢어져서 죽었습니다.

(이 본생담은 부처님께서 기원정사에 계실 때 조훈경鳥訓經에 대해서 말씀하신 내용입니다. 비구들에게 각기 고향으로 탁발 보내면서 설 하셨습니다. 전생에 메추리가 부모에게 상속받은 땅을 버리고 다른 곳에 가서 먹이를 구하다, 매에게 잡혔지만 묘한 방법으로 벗어났다는 내용을 설 하셨습니다. 여기서 매는 지금의 제바달다이고, 메추리는 지금의 부처님 이였다고 말씀 하셨습니다.)

<41이기>

『동화로 쓴 본생경』1, 불교아동문학회 엮음, 2009

욕심의 끝

크고 작은 나무들이 빼곡한 숲에 찬란한 아침햇살이 곱게 펼쳐질 때 엿 습니다. 여기저기서 아침을 맞이하는 새들의 노래가 시작 되었습니다. 나뭇잎 가장자리에 메 달린 이슬방울도 아침햇살을 받아 영롱한 물방울이 되어 숲은 매우 아름다운 모습이 되었습니다. 하루가 새롭게 시작되는 숲속의 아침은 매일 매일이 그렇게 상큼하고 싱그러웠습니다.

아름드리 큰 떡갈나무의 큰 가지위에 둥지를 틀고 행복하게 살아온 새집에 아기 새 한 마리가 태어났어요. 밝고 맑은 햇빛이 가장 아름답게 찾아온 날 아침이었어요. 유난히 고운 햇님의 축복을 받았다면서 숲속의 새들은 그 아기 새를 축하했지요.

숲속의 새들은 그 아기 새를 보살 새라고 부르기로 했지요. 보살 새는 건강하고 예쁘게 숲속생활에 잘 적응하고, 숲속에 사는 새들의 관심과 사랑을 듬뿍 받으면서 곱게 자랐습니다.

어느 날 숲속의 새들이 보살 새를 찾아왔습니다.

"이젠 당신은 아기 새가 아닙니다. 보살 새여! 저희들의 대장이 되어 주십시오"

아기 새는 어리둥절해서 "무슨 말 입니까? 절더러 대장이라뇨? 전 아직 어린 새입니다."

"우리 모두는 보살 새를 이 숲속의 대장 새로 모시기로 합의했으니 우리를 이끌어 주십시오."

보살 새는 그들의 요청에 의해 새들의 대장이 되어서 수많은 새들을 거느리게 되었습니다. 점점 새들의 수가 늘어나서 먹이를 구하는데 어려움이 종종 일어났습니다. 보살 새는 고심을 많이 했습니다.

어느 날 새들을 모아놓고 "먹이가 많이 있는 곳을 찾아서 우리 모두 이 숲을 떠나자"하고 앞장서서 날개를 펴고 날랐습니다. 수많은 새들도 그 뒤를 따라서 더 깊고 넓은 산으로 자리를 옮겼습니다.

어느 날 새들의 싸우는 소리가 들렸습니다.

"얘, 넌 누구니?"

"난 나야, 그러는 넌 누구니?" 처음 본 새는 거드름을 피면서 말했습니다.

거칠고 난폭한 행동이며, 말씨가 모두를 불편하게 하는 신출내기를 쫓아 버리자고 의논했습니다.

그런데 그때 보살 새가 멀리서 지켜보고 있다가

"그 새도 우리가족입니다. 같이 잘 살아보기로 하지요" 하여 그 새도 함께 살기로 했습니다.

날이 밝으면 숲속의 새들은 먹이를 찾아서 여기저기를 날다가 해가 서녘으로 기울어 질 때면 숲속으로 돌아와 지친 날개를 접고 편안히 휴식을 하면서 도란도란 하루 동안의 이야기를 주고받습니다.

"저쪽 계곡 능선에는 먹이가 아주 많아서 행복 했어요. 우리 내일 같이 갈래요?"

"그랬어요. 난 오늘 먹이를 넉넉히 먹지 못했어요. 나도 데려가 줘요"

"난 오늘 뱀이 개구리를 잡아먹는 광경을 바라보다가 아무것도 먹지 못했어요. 지금도 그 모습이 자꾸 떠올라서 기분이 묘합니다."

"쯧쯧 그 개구리 참 불쌍 하네요. 약육강식의 모습인가요?"

다음날 아침, 새들이 먹이를 구하려고 둥지를 떠나려고 할 때 보살새는 "먹이를 구하려고 사람들이 왕래하는 큰 거리까지는 가지 마세요. 그 거리엔 위험한 우마차들과 난폭한 짐승들이 왕래하는 곳이니까 가능하면 가지 않는 것이 좋겠어요. 특별히 부탁드립니다." 당부를 했어요.

그러자 그 난폭 한 새가 불쑥 나서더니 "보살 새 말씀이 맞습니다요. 저 산 너머 큰 길엔 절대로 가서는 안 됩니다. 길 위에 떨어진 알곡식은 있지만 너무 위험 합니다. 길 위의 곡식을 먹다보면 언제 소달구지나 마차가 달려들어 목숨을 잃을지 모릅니다. 정말로 위험한 곳이니 그 곳엔 가지 않는 곳으로 정해요"

모두는 그 큰길가에 가지 않도록 약속을 했습니다.

"자, 모두들 무사히 잘 다녀오세요."

"오늘도 행복한 하루 되세요"

"모두가 감사해요. 저녁에 만나요"

삼삼오오 짝을 지어 많은 기대를 품고 행복한 마음으로 날개를 펼쳤습니다.

"야아, 하늘은 높고 마음속엔 행복이 가득 합니다"

"자, 날자날자 저 산 넘어서 계곡으로 들로"

모두가 목적지를 향해서 날라 갔습니다. 새들의 모습이 멀리멀리 사라져 갔습니다. 난폭한 새만 오직 혼자서 날고 있었습니다.

"큰 길에는 절대로 가선 안 된 다고 했으니 아무도 가지 않겠지" 하면서 그 새는 어느 듯 큰 길에 도착했습니다.

길바닥엔 곡식들이 많이 떨어져 있었습니다.

"아무도 오지 않았으니 저 곡식들을 내가 모두 먹어야지. 나는 정말 운이 좋은 새야. 내가 무섭다고 경고했으니 어떤 새도 이곳엔 올 수 없어. 그래서 저 곡식들은 항상 내 것이야."

난폭한 새는 거드름을 피면서 멀리서 소달구지가 내려오고 있음을 확인한 후 잽싸게 길 한 가운데로 날아가 곡식을 먹기 시작했습니다.

처음에는 조금 쪼아 먹고 날개를 번쩍 펴고 뛰어 올라 잽싸게 소달구지를 피했다가 다시 내려 안자서 먹이를 먹었습니다. 신기하게도 위험을 피해서 배부르게 먹고 돌아오기를 여러 날 계속했지요.

어느 날 이었어요.

"오늘도 무사히 돌아와요. 고맙습니다." 등등의 인사를 하고 헤어졌습니다.

난폭한 새도 "당연하지, 당연 하고말고, 난 쉽게 배 불리 먹을 수 있어서 행복해"하면서 또 혼자서 큰 길을 향해서 날개를 저었습니다.

유난히 길 위엔 곡식이 많이 흘러져 있었습니다. 많은 양의 곡식을 보자 난폭한 새는 갑자기 흥분되었습니다.

"저렇게 많은 곡식을 먹을 수 있다니! 빨리 먹어야지. 기분 좋다."

소달구지와 마차의 위치도 확인하지 않고 길 한 복판에 뛰어 들었습니다.

"오늘은 더 맛있구나. 햇곡식 맛이네. 어서 먹자. 많이많이"

난폭한 새는 곡식 먹기에 푹 빠져 버렸습니다. 난폭한 말발굽도, 무서운 소달구지의 바퀴소리도 아무소리도 모습도 떠오르지 않고 다만 먹는 데 열심이었습니다.

잠깐 고개를 들었습니다. 저쪽 언덕길에서 마차와 소달구지가 쏜살같이 달려 내려오고 있었습니다. 그런데도 그는 "응, 아직은 괜찮아, 조금만 더 먹고 잽싸게 피하면 되"하면서 먹기를 계속했습니다.

그러나 정말 눈 깜빡할 시간이었습니다. 쏜살같이 언덕을 달려온 마차와 소달구지는 순식간에 그 새의 몸통위로 지나가 버렸습니다. 난폭한 새는 그 자리서 숨지고 말았지요.

모든 새들이 숲속에 돌아왔지만 그 난폭한 새는 돌아오지 못했습니다.

보살 새는 모든 새들에게 "여기 우리 동료가 안보입니다. 그 친구를 찾아오세요."

큰길에서 곡식을 먹다가 몸이 박살나서 죽어버렸다는 난폭한 새의 최후 소식을 접한 보살 새는 난폭한 새의 경고가 떠올랐습니다.

그리고 새들에게 "다른 새들에게는 위험하다고 경고해 놓고 자기는

가서 목숨을 잃은 어리석음은 욕심의 끝을 보여준 훌륭한 교훈입니다. 욕심이 가득하면 그 끝은 수레바퀴에 몸도 날개도 모두 갈리어 버리고 맙니다."

<115. 경고자의 전생이야기(아누사시카. 자타카)>

『동화로 쓴 본생담경』 2, 불교아동문학회 엮음, 2010

낙서

우리들 책갈피에 가득했던 은행잎 책꽂이가 그립다.

은행잎

노오란 은행잎이 바람결에 우수수
떼를 지어 물결처럼 길 위에 흩날렸다.
종종걸음으로 쫓아가 펄썩 주저앉았다 은행잎 위에
구수한 가을 냄새를 흠뻑 마시며 파란 하늘에 얼굴을 묻었다.

예쁜 노란 잎을 고르고 골라서 그중 제일 고운 잎을
책장 사이사이 꼭꼭 끼우고 두터운 책으로 눌러놓았다.
노랑 색 책꽂이가 만들어지면 친구들과 나누어서
우리들 책갈피에 가득했던 은행잎 책꽂이가 그립다.

가을 하늘

하늘이 멀리멀리 달아나 버렸다.
푸른 바다를 안고 높이높이
하얀 구름이 양떼가 되어 즐겁게 놀고,
목화꽃구름 두둥실 하늘높이 떠 올라간다.

하늘아래 가득 펼쳐진 노란 황금 들녘에
실실하게 여문 벼를 바라보며 농부얼굴에 미소 흐르고,
지평선 끝자락에 마음을 묻고, 넉넉한 가슴으로
심호흡 하면서 감사합니다. 감사합니다. 마냥 감사합니다

단풍

먼 산에서부터 울긋불긋 전해오는 가을소식.
아이들은 곱게 물든 단풍잎 찾아 종종종
어른들은 가을 거지에 허리를 펴지 못했다.
부뚜막의 부지깽이도 쉴 틈이 없다는 가을
단풍은 곱게 예쁘게 색칠해 갔다.

도배

햇살 좋은 가을 날 도배한다.
읍내 장날 도배할 벽지를 준비한다.
천장에 어울리는 벽지, 벽에 어울리는 벽지
그리고 문에 붙일 하얀 창호지까지

온 가족이 모여서 도배를 한다.
묵은 벽지 뜯어내고 새 벽지를 붙인다.
목이 빠지도록 아프게 천장을 바라보며 서툰 도배를 한다.
문짝은 모두 떼서 물가로 가져가 깨끗이 씻어 말린다

하얀 창호지를 발라 문틀에 끼우면 도배는 끝이다.
풋풋한 풀 냄새 정결하고
은은히 비추는 달빛 창호지에 어리면
댓돌아래서 들려오는 귀뚜라미 소리,
뒷산에서 들려오는 단소소리 가을밤이 깊어갔다.

추석

감이 발갛게 낯을 붉히는 계절에 추석이 온다.
풍성한 가을을 안고 추석은 어김없이 찾아왔다.
올 추석빔은 어떤 옷일까, 홍 갑사 치마에
색동 반호장 저고리면 좋겠다고
생각하지만 차마 주문을 못한다.
그냥 해주는 새 옷을 입는다.

아버지

나는 아버지가 아침에 일어나시는 모습을 한번도 본적이 없다.

넓은 마당 아버지가 쓰시고, 산으로 논으로 밭으로 일주하신 후 아침식사를 하셨다.

머슴이 마당 쓸 기회를 주시지 않았다.

청년시절 청운의 꿈을 안고 상경해서 중동학교에 적을 올렸으나, 가사를 이어야 한다는 어머니의 간곡함을 차마 못 뿌리치고 귀향했다.

다시 이어지지 못한 면학의 꿈을 흙에 묻고 평생을 지내신 우리 아버지 "小富는 在勤이요, 대부는 在天"이라며 근면을 몸소 보여주신 우리 아버지.